만화 cartoons
월급쟁이 생존 부동산

야금야금 부자 되는 직딩 부동산툰
만화 월급쟁이 생존 부동산

초판 1쇄 발행 2018년 11월 27일

지은이 박진혁
엮은이 이민학
그림 정광진

펴낸이 최원정
디자인 이성희, 이미경

펴낸곳 북탐
주소 서울시 서대문구 통일로37가길 23-9, 301호
전화 070-4200-7463   팩스 050-7561-0519
이메일 bt@booktam.co.kr

출판신고 2015년 9월 8일

인쇄 ㈜피앤엠123

ISBN 979-11-6178-134-1   17320

ⓒ박진혁·이민학·정광진, 2018

이 책은 저작권법에 따라 보호를 받는 저작물이므로 무단 전재와 무단 복제를 금지하며,
이 책 내용의 전부 또는 일부를 이용하려면 반드시 저작권자와 북탐의 서면 동의를 받아야 합니다.

* 잘못된 책은 구입한 곳에서 바꾸어 드립니다.
* 책값은 뒤표지에 있습니다.

만화 월급쟁이 생존 부동산

cartoons

그 야금야금 부자되는 직당 부동산 toons 툰

박진혁 지음
이민학 엮음
정광진 그림

북탐

Prologue

미래는 걱정되는데
부동산은 잘 모르신다고요?

마흔 중반, 위기가 찾아왔습니다.

대기업을 다니다 그만두고 차린 학원은 꽤 잘됐지요. 그런데 IMF 위기가 닥치며 학생이 딱 끊겨버렸습니다. 자의 반 타의 반 학원을 닫았고 빚만 남았지요. 은행 대출은 이자를 내지 못해 채무 독촉 전화가 끊이지 않았습니다. 하루하루 절망감이 밀려들고 부정적인 생각이 꼬리를 물었습니다. 급한 대로 수학 과외를 하면서 어떻게 살 것인지 궁리했지만 답이 없었습니다. 그러다 부동산 경매를 알게 됐어요. 딱 6개월만 해볼 생각이었습니다. 부동산 경매학원을 다니면서 공부했지요. 잘 할 수 있을지 몰랐지만 더 이상 물러설 여지가 없었어요.

가진 건 단돈 1000만원.

적당한 경매물건을 찾아 발이 닳도록 돌아다녔지요. 그리고 종로구에 있는 작은 빌라 한 채를 경매 받았습니다. 경매물건 정보에는 2층이라고 나와 있는데 실상 가서 보니 언덕에 있는 집이라 지상 1층이나 마찬가지였어요. 살던 사람이 계속 전세로 살기로 하며 전세보증금까지 올려 받았습니다. 투자금을 바로 회수했지요. 첫 경매치고 대성공이었던 셈이었고 자신감을 얻었습니다. 그때부터 부동산에 눈을 뜨게 되었고 공인중개사 자격증을 취득하는 등 부동산에 대한 공부와 투자를 병행하였어요.

부동산 투자는 '빚'을 '빛'으로 바꾸었고
제 인생은 변화했습니다.

지금은 부동산 강의를 하며 경험과 지식을 전하며 살고 있습니다. 마흔에 벼랑끝까지 몰리기 전까지는 부동산에 대해서는 관심도 없었고 잘 알지도 못했습니다. 그저 남들처럼 열심히 일해서 내 집 마련해야 한다는 단순한 생각만 하고 있었지요. 부동산을 알아가며 느낀 점은 투자든 내 집 마련이든 부동산 공부는 반드시 필요하다는 것입니다.

직장인에게 부동산 공부는 필수입니다.

많은 직장인들이 영어공부, 자격증 공부, 승진 공부를 합니다. 치열한 경쟁 속에 살아남기 위해서지요. 그런데 부동산에도 그만큼 관심을 기울이고 있을까요? 놀라운 것은 의외로 많은 사람들이 부동산에 대해 잘 모르고 소위 부동산 전문가라는 이들이 전하는 일방적인 정보를 맹신한다는 것입니다.

워낙 가격이 높고 큰 대출을 받아야 하니 먼 앞날의 이야기, 아니면 돈 있는 사람이나 집을 산다는 막연한 생각에 차일피일 미루며 사는 사람들이 대부분입니다.

오늘부터 시작하세요.
큰돈이 없어도 할 수 있습니다.

부동산은 미뤄둘 일이 아닙니다. 나와는 상관없는 다른 세계의 일처럼 생각하나요? 적은 금액이라도 괜찮습니다. 한 번의 경험을 시작으로 하루라도 빨리 부동산을 알아가세요. 어찌됐든 나는 이 도시 어딘가에서 머물러야 합니다. 내가 가족과 먹고 자고 생활하는 집을 사고 키워나가는 일, 지금부터 해도 늦지 않습니다.

우리는 부동산에 대해 무엇을 알아야 할까요? 부동산 투자 노하우는 시대에 따라, 정책에 따라 늘 바뀝니다. 시중에 나와 있는 투자 노하우에 연연하기보다는 부동산이 내 삶에 얼마나 필요한 요소인가를 깨닫고 부단히 관심을 기울이는 태도가 무엇보다 중요합니다.

'부동산을 좀 더 일찍 알았으면
좋았을 텐데…'. 하는 후회는 없나요?

이런 물음에 저는 늘 이렇게 대답합니다. "오늘이 앞으로 남은 날 중에서 가장 빠른 날입니다. 지나간 과거의 기억 속에 살면 앞으로 나아갈 수가 없지요. 앞으로 다가올 미래를 상상하며 살고 있기에 늘 새로운 날입니다." 이 책을 펼친 여러분 또한 남은 날 중에 가장 빠른 오늘, 새로운 상상을 하고 이루기를 바랍니다.

박진혁

Contents

프.롤.로.그.
미래는 걱정되는데 부동산은 잘 모르신다고요? · 004

01 실행의 여왕, 강희의 위험한 경매 · 010
1분 과외 경매를 활용하라! · 024

02 부동산의 고수 · 026
1분 과외 경매에 대한 편견을 벗어던져라! · 038

03 살기 좋은 곳과 살기 편한 곳 · 040
1분 과외 부동산의 과거를 샅샅이 털어라! · 052

04 매도의 기술 · 054
1분 과외 수익률을 높여주는 이미지 메이킹 · 068

05 손품, 발품, 머리품 · 070
1분 과외 손품을 팔아 발품을 줄여라 · 084

06	다시, 3천만원 부동산 투자	• 085
	1분 과외 이런 아파트를 고르자!	• 099
	1분 과외 이런 아파트는 조심!	• 100

07	사람이 몰리는 곳에 수익은 없다	• 101
	1분 과외 대출을 똑똑하게 활용하라	• 116

08	명당의 조건	• 118
	1분 과외 냉·온탕 부동산 정책을 파악하라	• 132

09	너무 올랐다 vs 더 간다	• 134
	1분 과외 매도는 타이밍의 예술	• 150

10	부동산 규제 대책, 너 정체가 뭐야?	• 152
	1분 과외 문재인 부동산 정책, 똑똑하게 이용하자	• 167

11 오피스텔은 돈이 될까? · 169
　　1분 과외　유용한 부동산 사이트 · 183

12 9천만원 가진 호연이의 선택 · 185
　　1분 과외　대출 삼총사 LTV, DTI, DSR · 202

13 잔금 치르기 전쟁 · 204
　　1분 과외　계약금, 중도금, 잔금의 다른 법적 의미 · 221

14 부동산의 3대 악재 · 223
　　1분 과외　분양공고 보는 법, 어렵지 않아요 · 241

15 송차장, 분양 당첨됐는데 울상? · 245
　　1분 과외　예비청약자라면 새 정책을 꼭 알아두자! · 260

16 2천만원으로 다시 경매에 도전! · 262
　　1분 과외　이것만 알면 명도가 쉬워진다! · 278

17	오피스텔, 상가 임대수익의 현실	• 280
	1분 과외 한눈에 보는 재개발 진행 과정	• 297

18	신혼집, 전세 살까? 내 집 살까?	• 300
	1분 과외 시대에 따라 변하는 아파트 구조	• 316

19	재건축, 재개발, 그리고 도시재생사업	• 319
	1분 과외 재개발 & 재건축 용어 정복!	• 336

20	인서울 아파트, 너 딱 기다려!	• 339
	1분 과외 금리 낮은 주택도시기금 대출상품	• 359

1화
실행의 여왕, 강희의 위험한 경매

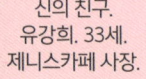

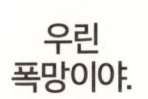

매각대금이란?
부동산 경매에서 낙찰자를 매수인, 낙찰대금을 매각대금이라고 한다. 매수인(낙찰자)은 매각허가결정이 나면 법원이 정한 대금 납부 기한 내에 매각대금을 납부해야 한다.

너 같으면 비 새는 집에서 살고 싶겠냐? 그거라도 받음 다행이다.

뭐야! 정말 방법이 없는 거야?

이제 알았냐? 매각대금 납입하려면 대출까지 받아야 할 거야.

걱정 마!!!

아아아 동작이...

남자들이 왜 이리 패기가 없어! 내가 가서 매각불허가 신청할게!

매각불허가란?
최고가매수인(낙찰자)이 매각(낙찰)허가, 불허가를 결정하는 매각결정기일 전에 불허가 사유가 있을 때 신청하는 제도이다.
매수인의 착오나 잘못으로 인한 매각불허가 신청은 받아들여지지 않아 매각대금을 납부해야 한다. 매각대금을 납부하지 않으면 매수신청보증금은 몰수된다.

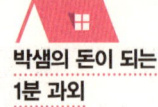

경매를 활용하라!

경매는 직장을 다니고 있는 사람도 부업으로 할 수 있다는 매력이 있지요. 주중에 인터넷으로 물건 정보를 열람하여 물건을 고르고 주말에 임장을 하며 경매를 하는 직장인들도 많으니까요.

경매가 치열해져 요즘엔 싸게 낙찰받기가 쉽지 않지만, 부동산의 진짜 시세를 알아보기 위해서라도 경매공부를 하는 건 유리해요. 또 시기에 따라 좋은 경매 물건들이 나올 수도 있으니 미리미리 준비를 해놓아야 겠지요? 하지만 경매는 공부해야 할 게 참 많아요. 어떻게 하는지 간단하게 살펴볼까요?

경매 사이트에서 물건 검색
"클릭! 클릭! 좋은 물건이 어디 있나~."
"앗! 내가 원했던 집 발견!"

현장 답사(임장)
"내 눈으로 집 위치와 구조를 확인해야지."
"세입자는 있나?"
"밀린 관리비나 공과금은 없을까?"
"교통은 편리할까?"
"이 동네 개발 이슈가 있나?"
"주변 부동산 시세는 어떻지?"
"주위에 기반시설과 생활편의시설이 있나?"
"전세나 월세를 놓으면 잘 나갈까?"

임차인 분석
"세입자가 몇 명이나 있을까?"
"전입신고 하고 확정일자는 받았을까?"
"세입자가 법원에 배당요구는 했을까?"

부동산 권리 분석
"이 집과 관련해 돈 받을 사람은 누구누구일까?"
"빚 받아갈 사람들이 얼마씩 받아갈까?"

법원에 제출
"입찰하러 법원 입찰법정으로 출발!"
떨리는 마음으로 입찰표와 매수신청보증금을 입찰봉투에 넣어 입찰함에 쏙!

낙찰
한 시간 정도 후.
"내 이름이 가장 먼저 들린다! 새로운 집주인으로 낙찰받았다!"

잔금 치르고 소유권 이전 등기 하기
"진짜 내 집이 됐다!"
"이제 제 집이니 집 좀 비워 주세요~"

처음 경매에 입찰해 낙찰받은 강희는 현장 답사, 즉 임장을 제대로 하지 않았을 뿐만 아니라 주변 부동산 시세를 알아보지 않았죠. 수익이 나는 낙찰을 받으려면 보통 20번은 입찰해야 해요. 입찰 받은 물건의 잔금을 치르고 명도하고 다시 매각하는 데 또 시간과 노력이 들어가죠. 수익을 얻으려면 빨라야 1년, 늦으면 3~4년이 걸릴 수도 있어요. 여러 경매 성공기에는 갖가지 사례와 운 좋은 일화가 담겨있지만, 그 이면에는 시간과 노력이 반드시 있습니다.

2화
부동산의 고수

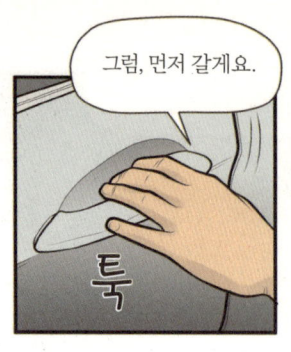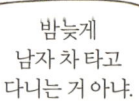

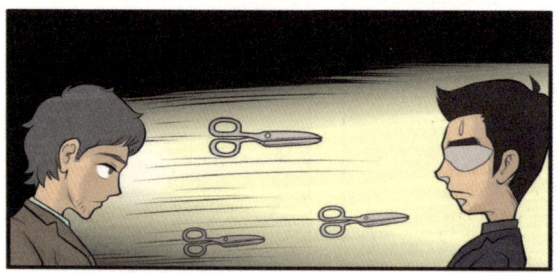

경매에 대한 편견을 벗어던져라!

"어려운 사람 괴롭히며 돈 벌고 싶지 않아."
NO! 경매 투자자는 문제 해결사!

빚을 진 사람과 돈을 받을 사람 사이의 실타래처럼 뒤엉켜버린 문제는 해결하지 않으면 사회문제가 되고 맙니다. 법원은 경매 나온 부동산의 가격이나 상태를 평가해 놓고 이러이러한 부동산이 있으니 누가 사서 이 골치 아픈 문제를 어서 해결해달라고 하는 것이죠. 유찰되면 가격도 깎아주면서 살 사람 어서 모이라고 합니다. 살 사람이 없으면 문제는 해결되지 않겠지요. <u>경매는 잘 활용해야 할 제도이지 나쁜 제도가 아닙니다.</u>

"경매는 위험해!"
NO! 경매는 법원에서 진행하므로 부동산 사기의 위험이 없다.

부동산중개소를 통해 계약을 해도 간혹 사기를 당하는 사람들이 있습니다. 하지만 경매는 법원이 감정평가부터 매각까지 주관하니 사기를 당할 걱정이 없어요.

"어려운 경매 공부를 뭐하러 해? 경매로 싸게 사던 시절은 끝났어."
NO! 부동산 투자를 하려면 경매를 잘 아는 것이 유리하다.

꼭 경매에 입찰하지 않더라도 해당 물건의 매각가나 입찰자 수 등을 보면 사람들의 관심도를 확실히 알 수 있어요. 비슷한 물건의 경매 낙찰가를 참고하면 부동산을 사고 팔 때 많은 도움을 얻을 수 있으니 미리미리 공부해 둡시다.

"월급쟁이가 경매할 만한 큰돈이 어디 있어?"
NO! 2천만원, 3천만원으로도 할 수 있는 경매가 분명히 있으며 경매로 부동산을 사면 대출에 유리하다.

사실 큰돈이 있고 없고는 그렇게 중요하지 않아요. 부동산 투자 마인드만 있으면 적은 돈으로도 낙찰받을 수 있는 물건을 찾을 수 있습니다. 일반 매매보다 대출도 많이 받을 수 있고요. 그러나 무리하게 대출을 받는 건 절대 금물이죠!

"싸게 사려면 무조건 경매지!"
NO! 경매보다 급매가 나을 수도 있다.

강희처럼 시세보다 높거나 비슷하게 사서 낭패를 보는 경우도 있지만, 보통 시세보다 싸게 살 수 있기 때문에 경매를 하는 것이죠. 하지만 요즘은 경쟁이 치열해 그 장점이 점점 희미해지고 있어요. 경매보다는 급매를 통해 싸게 내 집 마련을 하거나 투자를 하는 게 효율적인 경우도 많습니다.

3화
살기 좋은 곳과 살기 편한 곳

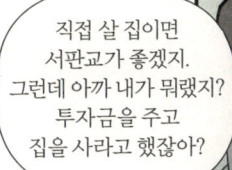

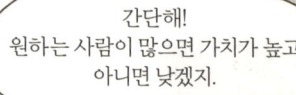

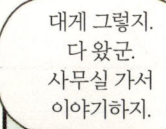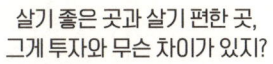

아까 말한 차이는 알아냈나?

그러니까… 살기 편한 곳은 사람들이 더 많이 찾으니까 투자에 유리하다는 건가요?

그렇지! 목적에 따라 달라져. 자기가 살 집이라면 살기 좋은 곳도 괜찮아. 하지만 투자 목적이라면 살기 편한 곳이 훨씬 유리하지.

아하!

막연하게 생각했을 때 살고 싶은 곳은 공원과 녹지가 많은 서판교였어. 하지만 실제로 선택한다면? 교통이나 쇼핑, 문화 생활도 중요하니까 동판교를 선택하지 않을까?

살기 좋은 곳은 나중에 은퇴한 후면 모를까 지금은 아니야.

다른 사람들도 나처럼 생각하겠지?

실제로 두 지역은 같은 평수라도 1천만원 정도 시세 차이가 나.

집을 구하는 사람들이 무엇을 원하는가가 중요하군요!

A. 아파트 구입 10년 후

10년 후 시세 2억 6천만원.
대출 8천만원에 대한
이자를 제하고
약 5천만원 수익이다.

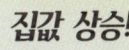

B. 전세 입주 10년 후

10년 후 전세가격이 1억 8천만원.
전세로 들어간 사람은 10년 동안
1억원의 전세보증금을 올려줬어야 돼.
월급 받아서 그렇게 모으기 쉽지 않겠지?

C. 월세 거주 10년 후

50만원씩 월세를 내고 10년을 살았다면
주거비용으로만 6천만원을 지불했을 거야.
물론 월세가 10년 동안 그 가격
그대로였을 가능성도 없지만.

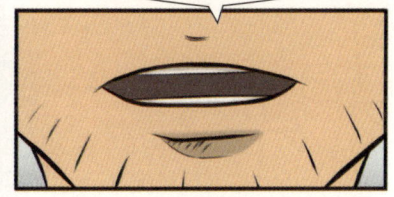

박샘의 돈이 되는 1분 과외

부동산의 과거를 샅샅이 털어라!

경매로 나오는 부동산에 얽힌 사연은 사람이 모두 다르듯 제각각이죠. 강희가 낙찰받은 빌라처럼 낙찰받았다가 다시 경매로 나오는 경우도 있고요. 다양한 이해관계와 사연이 담긴 부동산이 경매라는 과정을 통해 주인을 만나면서 등기부는 깨끗이 정리되고 자산으로서 가치를 인정받게 되는 것이지요.

이렇게 경매로 나온 부동산의 복잡한 과거를 탈탈 털지 않으면 내가 엄청난 손해를 볼 수 있어요. 잘 안 보이는 곳까지 놓치지 않고 보려면 어떻게 해야 할까요?

내가 사는 곳, 잘 아는 곳부터 시작하자

현장 답사는 필수니 쉽고 빠르게 갈 수 있는 곳부터, 권리관계가 복잡하지 않은 물건부터 시작! 학군이나 교통, 주변환경이나 시세, 수요층 등 기본적인 요소를 잘 알고 있다면 시간도 절약되죠.

정확한 권리분석은 필수

경매 투자자가 말소기준권리나 점유세대열람 내역 등 서류를 살펴보고 권리 분석을 하는 이유는 세 들어 사는 사람, 즉 임차인 때문이에요. 임차인이 보증금을 돌려받느냐 못받느냐에 따라서 그리고 못 받은 보증금을 낙찰자가 물어줘야 하느냐에 따라서 입찰 가격이 달라지지요. 낙찰받은 사람이 세입자 보증금을 물어주어야 한다면 그만큼의 금액은 당연히 제하고 입찰 가격을 써야 하니까요. 권리분석만큼은 혼자서도 할수 있도록 꼼꼼하게 가르쳐 주는 학원이나 스터디 또는 경매카페 등을 통해 체계적으로 확실하게 배우는 게 좋아요.

현장답사도 전략적으로!

강희처럼 집 상태를 모르고 낙찰받으면 수리비만 왕창 나올 수 있겠죠? 집 밖에서도 집 상태를 파악할수 있어요. 임차인이 있을 경우는 주민센터에서 전입세대열람 내역을 확인하고 관리비나 공과금 미납 여부도 알아봐야 합니다.

무엇보다 임장에서 가장 중요한 핵심은 낙찰받아 내 집이 된다면 얼마에 팔 수 있느냐, 전세를 놓을 수 있느냐를 판단하는 것이에요. 서류나 경매물건정보에는 그 집의 정확한 시세가 나오지 않으니까요. 교통여건이나 집의 상태, 주변 환경 등을 직접 확인하고 꼭 알아봐야 합니다. 그래서 임장을 갈 때는 대중교통을 이용하는 것이 좋아요.

시세나 호재는 가까운 부동산에 들러 물어보면 알려주는데 반드시 두 군데 이상은 다녀야 합니다. 이때 집을 사거나 전세를 들어갈 사람처럼 하고 알아봐야 정확한 정보를 알 수 있어요. 정확한 시세를 알아보지 않고 낙찰을 받으면 강희와 친구들처럼 이러지도 저러지도 못하는 상황에 놓이게 되겠죠?

경매는 실제로 참 고독한 작업입니다. 물건 정보를 입수하고 임장을 다니고 입찰 가격을 적는 것부터 어떻게 명도 받을 것인가까지 모두 스스로 알아서 결단해야 하니까요. 함께 하는 동료가 있다면 힘이 되겠지만 선배나 동료의 조언은 조언일 뿐이지요. 자기가 판단하고 그 결과를 거두어야 자신의 경험으로 남을 수 있어요.

강희란 친구는 임장을 제대로 않은 데다 즉흥적인 투자 결정을 했으니 책임을 피할 수 없지.

4화
매도의 기술

아! 그렇군요.

부동산중개사무소는 새로 개업한 깨끗한 곳을 찾아 내놓고.

새로 개업한 곳이요?

집을 구할 때는 오래된 부동산중개사무소를 찾고 집을 팔거나 세입자를 구할 때는 되도록 새로 개업한 깔끔한 곳을 찾는 게 좋아.

그건 왜 그렇죠?

오래된 부동산중개소는 매물이 많으니 다양한 집을 볼 수 있고 오래된 곳일 수록 그 지역 사정을 잘 알잖아.
새로 개업한 곳은 매물이 많지 않은 데다 절실함이 있으니 어떻게든 팔아보려고 정성을 다하기 마련이지.

우어곡질 끝에 매각잔금을 납부하고 세입자에게 이사비 100만원을 주고 내보냈다.

그리고 강희가 리모델링을 할 업체 사장님을 모셔왔다.

박샘의 돈이 되는 1분 과외

수익률을 높여주는 이미지 메이킹

"내가 살 집도 아닌데 큰돈 들어가는 집수리가 웬말?"
NO! 집수리는 투자 수익률을 높여준다.

집의 가치를 높이는 것을 어렵게 생각할 것 없어요. 사람들은 의외로 시각적인 이미지에 크게 반응하죠. 수리비용이 부담스러운 것은 사실이지만, 집값에 비하면 그리 큰 비중이 못 됩니다. 낡고 허름한 집은 도배와 장판, 천장과 바닥의 몰딩을 하거나 문을 칠하는 등 눈에 띄는 곳만 수리해도 집이 싹~ 달라집니다. 특히 주부들의 눈에 빨리 들어오는 싱크대나 화장실 수리는 가장 효과가 좋죠. 집은 보통 여자가 고르니까요. 몇 백만 원 들여 수리를 하면 전세로 놓거나 매도를 할 때 많은 경우 1천만~2천만원 더 받을 수 있으니 남는 장사죠.

정작 큰돈이 들어가는 것은 시각적인 이미지와 상관 없는 보일러나 수도 시설과 같은 배관 시설이나 누수 여부입니다. 이런 부분은 비용이 꽤 들고 배보다 배꼽이 더 클 수 있으니 주의해야죠.

"집의 가치를 올리는 법? 다 돈 드는 일이지 뭐."
NO! 스토리텔링만 잘 해도 집의 가치가 올라간다.

부동산 투자로 성공하려면 훌륭한 <u>스토리텔러가 되어야 합니다.</u> 내가 긍정적인 가치를 부여하면 남도 따라서 긍정적으로 바라보니까요. 그래서 저는 부동산에 집을 내놓을 때는 스토리를 만들곤 합니다. 물론 터무니없는 이야기를 지어내는 것은 아니에요.

"세입자가 이 집에 들어오자마자 그동안 없던 아이가 생겼어요."
"이 집을 사고 나서부터 일이 잘 풀려요"

이런 식의 덕담은 좋은 기운을 불러옵니다. 눈치 빠른 공인중개사 사장은 이런 말을 흘려 듣지 않거든요.

싸게 사는 것도 중요하지만 파는 것이 훨씬 중요합니다. 한순간 몇 마디에 몇 백만원이 오가는 게 보통이죠. 팔기 위한 작업은 부동산의 가치를 높이는 데서부터 시작됩니다.

5화
손품, 발품, 머리품

결국 옥탑방을 구했다.

보증금이 1천만원이라
2천만원을 남길 수 있었다.

주차하기는 불편하지만
옥상을 쓸 수 있어 좋았다.

오늘은 옥탑방 집들이다.
살던 오피스텔보다야 불편하지만
통장에 2천만원 잔고가
있다는 게 든든하다.

나의 종잣돈 2천만원!
뭐든지 다 할 수 있을 것 같다.

방울방울 방울토마토~

수현이가 심어 놓은 방울토마토가 언제나 익으려나?

딱!

아야!

딴 생각하지 말고 집중해!

부동산 투자의 첫걸음은 텃밭 가꾸기야. 네가 사는 동네든 아니면 가까운 곳이든 수시로 갈 수 있는 곳을 먼저 공략하는 거야. 가서 어떤 매물이 어떤 가격에 팔리는지 시세 흐름도 보고, 같은 동네라도 가격 차이가 있는데 왜 그런지 이유를 알아내는 거지.

오호. 그게 텃밭이란 말이군요?

별로 어려운 일 아니잖아? 옥탑방 소개한 부동산중개사무소 아주머니와 사귀어두길 잘했네. 가서 물어보면 되겠다.

별로 어렵지 않아 보이지?

부동산 투자는 손품, 발품, 머리품 3품을 팔아야 돼.

손품, 발품, 머리품?

머리품은 뭔데요?

인터넷 부동산 사이트를 일주일에 한 번은 들어가서 부동산 정책과 분석을 찾아 손품을 팔고, 그 다음은 실제로 가서 매물을 보고 시장분석을 하는 발품을 팔라는 거지.

분석한 내용과 매물을 보고 얼마에 살 건지, 전세는 얼마에 놓을 건지, 매도할 때는 얼마를 받을 건지, 수리는 어떻게 하고 비용은 얼마가 들 건지, 머리품을 팔아 따져봐야지. 사둔다고 수익이 저절로 나는 게 아니거든?

가만 생각하니 그렇다.
그때 빌라를 그냥 팔았으면
우리는 분명 손해 봤을 것이다.

알았어요.
일단 텃밭을
물색해 볼게요.

내가
한다면
하는 남자!

머리품에 따라서 똑같은 물건도
수익이 달라질 수 있어.
지난 번 빌라에서 경험했지?

시간이 딱 이 동네만 빼고 흘렀나?

가까운 곳을 먼저 텃밭으로 공략하라고 해서 집 근처를 무작정 돌아보고 있기는 한데….

이 좋은 토요일에 뭐하는 짓이지? 아, 놀러가고 싶다!

그렇지!

그룹채팅 3

비상소집! 제니스에서 4시에 보자!

박샘이 이야기한
텃밭과 3품의 개념을 강희와 호연이는
대번에 알아들었다.

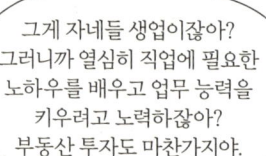

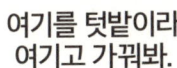

손품을 팔아 발품을 줄여라

어지간한 물건은 인터넷 검색을 활용하면 대략 내용을 파악할 수 있어요. 손품을 팔면 팔수록 시간과 비용이 더 많이 들어가는 발품이 줄어들지요.

손품이라고 쉽게만 생각할 건 아니에요. 처음 텃밭을 만들 때 저는 '하루에 3시간 이상은 꼭 손품을 판다.'는 목표를 붙여 놓고 무슨 일이 있어도 그날 정해진 시간을 지켰어요. 그렇게 잠을 줄여가며 손품을 판 덕분에 발품을 파는 시간을 대폭 줄였지요. 물론 현장을 답사하는 발품은 중요합니다. 앉아서 볼 때와는 다른 것을 얻을 수 있죠. 하지만 수많은 물건을 일일이 찾아다닌다는 것은 시간과 비용의 낭비예요. 내가 투자하는 분류 기준에 맞추어 물건을 찾고 사전 정보를 통해 골라내는 작업은 투자의 효율성을 높여줍니다.

손품, 어떻게 파는지 간단하게 알아볼까요?

- 부동산114(www.r114.com)에서 시세 정보를 1주일 간격으로 조사한다.
- 네이버부동산(land.naver.com)에서 1주일 간격으로 매물을 조사하고 물건이 매매가 되었는지 전화로 확인한다.
- 도시가 어떻게 변하는지 파악을 하고 관심 있는 지역의 개발호재가 있는지 파악한다. 시·도 사이트에서 도시기본계획, 도시 및 주거환경 기본계획, 리모델링 기본계획 등의 자료를 수집한다.
- 경매물건의 낙찰 사례를 살펴본다. 입찰할 때나 매수할 때의 가격 흐름을 참고한다.
- 공인중개사사무소에 나온 물건을 1주일 간격으로 파악한다.

6화
다시, 3천만원 부동산 투자

원효로는 용산역 역세권 개발로 집값이 오른 곳이다. 낡은 집이라 전셋값은 한계가 있지만 재개발이라는 호재가 있어 집값은 고공행진을 하고 있다. 집값의 상당부분 개발이익이 포함된 값이다.

부동산 시장 조사 점검 리스트

1. 교통
   역세권(전철·지하철): (   )분/ 버스정류장: (   )분
   고속도로·외곽도로 진출입: (   )분

2. 교육
   유치원·초등학교: (   )분/ 중학교·고등학교: (   )분

3. 문화
   주민센터·공공기관: (   )분, 중심 상업 지역: (   )분
   체육 공원·놀이터·약수터: (   )분
   도서관·자치센터·문화회관: (   )분

4. 주거 형태
   대형할인점: (   )분, 재래시장·슈퍼마켓: (   )분
   아파트: (   )세대, 연립·다세대·빌라: (   )동
   다가구: (   )가구, 단독 주택(건물): (   )평

5. 일조/ 조망권
   조망권(동과 동 사이의 거리): (   )m 이상

6. 주차 공간
   주차장 확보: (   )가구/ (   )대

7. 가스 및 난방
   가스 종류: 난방 종류:

8. 전기 및 수도
   계량기 작동 여부: 수도 검침기 작동 여부:

9. 주위 여건
   생활 환경: ☐부유층   ☐중상층
            ☐중·중하층 ☐영세민층
   주위 환경: ☐아파트 밀집
            ☐빌라 밀집 ☐혼재 ☐단독 밀집
   개발 관련: ☐재개발   ☐재건축
            ☐지역 이외 ☐관계 없음

10. 시세
    인근 부동산 시세: 억   만원
    인터넷 시세: 억   만원

11. 전세, 월세
    인근 부동산 전세가, 월세가:
    인터넷 전세가, 월세가:

12. 내부 구조 확인
    ☐직접 확인   ☐이웃집 확인
    ☐인터넷 확인 ☐미확인

행신동 아파트 단지

살기는 편하겠군. 하지만 시내까지 너무 멀지 않나?

아냐, 저기서 버스 타면 전용차선 타고 서울시청까지 30분이래.

아이들 노는 소리가 여기 저기서 들린다. 젊은 맞벌이 부부가 살기에 딱 좋을 것 같긴 하다. 아파트 단지에 초·중·고등학교가 있고 대형마트와 상업시설도 잘 되어 있다. 아이들이 다니는 학원들도 눈에 많이 띈다.

교통도 편리하다. 경의중앙선이 지나고 버스전용차선도 있어 대중교통도 잘 되어 있는 편이다. 아직 노선이 많지는 않지만 전국 대도시로 가는 고양종합터미널이 있고 무엇보다 KTX까지 있다.

이 아파트가 길 건너 아파트보다 조금 더 비싼 이유가 뭘까?

초등학생이 저 횡단보도를 건너 이 큰길을 건너려면 아무래도 불안하잖아? 그래서 이 두 아파트 가격이 차이가 있는 거야.

아! 내 아이가 이 초등학교를 다닌다면 정말 그럴 만하다.

이런 아파트를 고르자!

"단지 규모가 커야!"
최소 500가구 이상 되는 규모가 좋다.

"동 간 거리가 넓어야!"
초고층아파트가 좋다.

"녹지공간 넓어야!"
30% 이상의 녹지율이면 GOOD!

"조망권이 좋아야!"
조망이 좋은 층수, 강이나 공원이 바라보이는 아파트라면 GOOD!

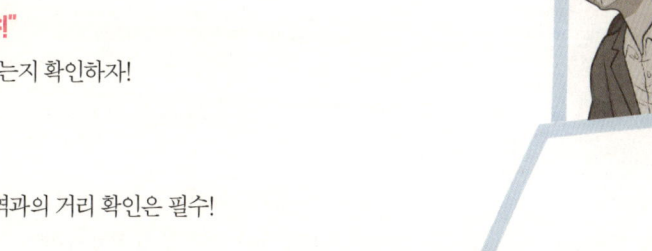

"주차공간은 넉넉해야!"
가구 수의 1.5배 이상 되는지 확인하자!

"교통이 좋아야!"
고속도로, 터미널, 전철역과의 거리 확인은 필수!

"내부 공간 활용도와 채광이 좋아야!"
2~4베이의 특성과 장단점을 파악하자.
요즘은 방과 거실을 전면에 배치한 3베이, 4베이가 인기!

"로얄층에 정남향인가?"
내가 살 집이라면 로얄층, 정남향, 남동향, 남서향이 좋다!

이런 아파트는 조심!

"200가구 미만의 1동짜리 아파트는 조심!"
비싼 관리비, 부실한 관리, 부족한 편의시설 등 나홀로 아파트의 단점을 고려하자!

"혐오시설이 있으면 조심!"
주변에 추모공원, 지역발전소, 하수처리장, 유수지 등이 있는지 확인하자!

"용적률이 300% 정도 되는 아파트 조심!"
재건축 시 불리하고 일정 면적에 세대수가 밀집되어 쾌적지수가 낮을 수 있다.

"재건축 초기단계 아파트는 조심!"
정책에 의해 가격이 좌우되므로 신중하자! 시간과 돈이 오래 묶일 수 있다.

"주거상가복합형 아파트는 조심!"
상가들의 소음 문제, 채광 문제, 통풍 문제가 있을 수 있다.

"상업지구 내 혼재 아파트는 조심!"
유흥가 상업시설들의 소음과 불빛으로 생활이 불편할 수 있다.

7화
사람이 몰리는 곳에 수익은 없다

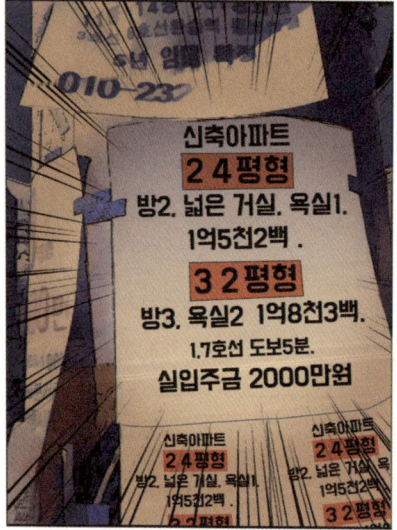

"그때 사람들 모두 몰려가서 청약 경쟁률도 상당히 치열했지. 두세 채씩 분양받은 사람도 있어. 받아두기만 하면 입주할 때 프리미엄 1~2억원은 붙는다고 봤거든. 그런데 지금 어떻게 됐지?"

"반 토막 났죠."

"사람들이 투자하기 위해 몰리는 곳은 이미 가능성이 없다고 봐야 돼. 사람들이 살고 싶어 몰리는 곳에 투자를 해야지. 논리적으로 당연한 건데도 사람들이 투자하겠다고 몰려가면 자기도 돈을 싸들고 쫓아가지."

"그러고 보면 부동산 투자가 복잡하고 어려운 게 아니네요."

"그렇게 생각해? 욕심을 이기는 일이 그렇게 간단하지는 않아. 눈에 뻔히 보이는 수익은 작아 보이고 그 이상 대박을 좇다가 쪽박을 차는 게 그 사람이 어리석어서 그런 게 아냐. 욕심이 눈을 가리는 거지."

본론을 꺼낼 차례다.
나 혼자 투자하는 첫 집.
옥탑방으로 가며 마련해둔
종잣돈을 투자할 곳을
결정했다.

박샘의 돈이 되는 1분 과외

대출을 똑똑하게 활용하라

소액 투자를 하는 방법은 크게 세 가지로 나눌 수 있어요. 첫 번째, 전세보증금을 받아 투자 금액을 최소화한 뒤, 시세 차익이 날 때까지 기다렸다가 매도하는 경우예요. 두 번째는 대출을 최대한 받아 매수한 후, 월세로 대출이자를 감당하고 약간이나마 수익을 낼 수 있는 경우입니다. 마지막으로 대출을 최대한 받아서 매수한 후, 곧바로 매도하여 대출을 상환하고 차익을 기대할 수 있는 경우지요.

첫 번째 방법으로 전세를 받아 적정 기간 보유하는 전략에서 대출의 비율이 높다면 오히려 독이 될 수 있어요. 대출은 월세 임대를 받을 목적으로 하는 투자의 경우에만 이용하는 것이 바람직해요. 물론 예외도 있지요.

예를 하나 들어볼까요?

낙찰가	2억 4,300만원
대출	1억 6,800만원
투자 금액	7,500만원
전세 보증금	2억 1,000만원
⇨ 대출금 상환	1억 4,800만원
⇨ 투자 금액 회수	6,200만원

*8·2부동산대책 이후 현재(2018년) 상황에서는 경기도 구리시의 경우 낙찰가의 50%까지만 대출을 받을 수 있습니다.

경기도 구리시 인창동 32평 아파트를 경매로 낙찰받았던 매매 내역이에요. 2억 4,300만원에 낙찰을 받았는데, 경락대금 대출을 고르고 골라 1억 6,800만원까지 최대한 끌어 썼지요. 투자 금액은 잔금을 치르며 7,500만원이 들어갔어요.
명도를 끝내고 세를 놓았는데 조건은 전세 보증금으로 대출을 갚아 근저당 감액 등기하는 것이었어요. 전세 2억 1천만원으로 계약했고 약속대로 전세보증금으로 대출금 대부분을 상환하고 2천만원만 남겨두었지요.
투자를 모두 끝낸 뒤 계산을 해보니 명도비와 수리비, 취득세를 모두 합하여 실투자 금액이 2,300만원 들었어요. 2억 4,300만원 가격의 아파트를 2,300만원을 들여 취득할 수 있었던 것은 대출을 적절하게 활용한 덕분이었지요.
대출은 양날의 검과 같아요. 적절히 활용하면 부족한 자금을 대신하는 효과를 거둘 수 있지만, 자칫 감당할 수 있는 선을 넘어서면 패망의 지름길일 수도 있어요.

8화
명당의 조건

드디어 내 첫 집을 계약하는 날이다.

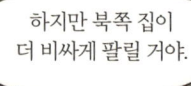

박샘의 돈이 되는 1분 과외

냉·온탕 부동산 정책을 파악하라

경기가 나빠 정부가 규제를 완화하거나, 경기가 좋아 규제를 강화하면 주택 가격은 영향을 받게 됩니다. 하지만 냉탕 또는 온탕으로 바뀔 때마다 파도를 타듯 유연하게 투자하면 어느 시기이건 수익을 낼 수 있습니다.

김대중 대통령(1998~2002년) 규제 완화!
"IMF 경제위기 극복이 우선이니 경기 부양부터!"
양도세 면제, 취득세, 등록세 감면 ⇨ 수요 증가 ⇨ 주택 가격 상승

노무현 대통령(2003~2007년) 규제 강화!
"투기와의 전쟁! 강력 규제!"
보유세·양도세 강화, 종합부동산세 도입, 분양권전매금지, 주택거래 투명제 도입 등
⇨ 일시적 수요 감소 ⇨ 일시적 주택 가격 하락

이명박 대통령(2008~2012년) 규제 완화!
"2008년 글로벌 경제 위기로 인한 하락세 극복!"
세재 감면, 투기지역 해제 등 ⇨ 수도권 수요 감소, 지방 수요 증가
⇨ 수도권 침체, 지방 주택 회복

박근혜 대통령(2013~2017년) 규제 완화!

"주택매매 활성화시켜 경기부양!"

LTV, DTI 규제 완화, 양도세 한시 면제, 1%대 저리 공유 모기지론 지원 등
➡ 수요 증가 ➡ 2015년 이후 상승

문재인 대통령(2017년~) 규제 강화!

"투기와의 전쟁! 강력 규제!"

LTV, DTI 규제 강화, 보유세·양도세 강화, 재건축규제 강화

고수일수록 시장의 변화를 겸허하게 받아들이지. 모두가 자기 생각과 전망을 가지고 있어.

하지만 시장은 그 모든 사람의 생각이 모인 곳이야. 내 뜻대로 움직이는 게 아니지. 심지어 정부조차도 시장을 완벽하게 통제하기는 어려워.

9화
너무 올랐다 vs 더 간다

2000년대 초반엔 시장에 유동성 자금이 풍부했거든. 정부에서 공기업을 이전하고 세종시를 조성하다 보니 토지가 필요했고 막대한 토지보상금이 풀렸어.

반도체나 디스플레이 패널과 같은 사업이 급성장하면서 대기업에서도 여기저기 공장을 증축해야 했고. 게다가 지방자치제가 실시되면서 도로와 같은 인프라 건설이 급증했어. 원래 땅주인들은 이 땅들을 내놓고 받은 보상금을 어디에 썼을까?

다시 부동산으로 돌아올 수밖에 없지.

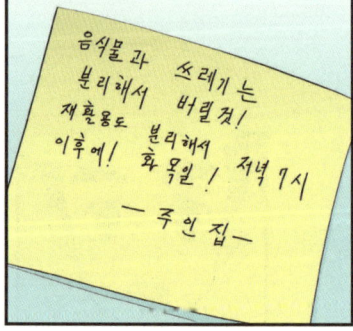

부동산을 취득하고 1년이 지나 매도해야
양도세 부담이 줄어든다.

우리가 산 아파트는 1년 사이 2,500만원이 올라
현재 시세가 2억 5,500만원이다.
2억 3천만원에서 사서 1천만원 가량 수리비와 취득세가 들었다.

그러니 수익은 1,500만원이다.
수익 가운데 1,200만원까지는 6%로 계산해서 양도세를 내고
나머지 3백만원은 15%를 적용받는다.

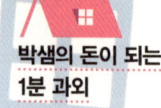 

매도는 타이밍의 예술

이제까지 수없이 매매를 해왔는데 한 번도 똑같거나 비슷한 매매는 없었습니다. 팔 때는 항상 최대한 높게 부르고 그만큼 받고 싶지만 상대는 정반대의 생각을 하지요. 그런 두 사람이 만나 가격을 결정하는 일이 곧 매매입니다.

목표 수익을 달성하면 미련 없이 매도하라

팔고 나서 가격이 오르면 배 아파지는 게 사람 심리입니다. 그렇게 물건 하나 하나에 연연하면 투자를 오래 할 수 없습니다. 보증금을 올려 2년 전세를 다시 받았다가 매도 타이밍을 놓치는 일이 생길 수도 있습니다. 팔 수 있을 때 팔아야 합니다. 그 자금으로 다시 투자하여 또 수익을 내면 되니까요.

오르는 추세를 확인하고 사서 목표 수익을 달성하면 미련 없이 매도를 해야 합니다. 아무도 모르는 바닥과 정점에 집착을 하느라 에너지를 쏟는 대신 흐름에 따라 순리대로 매매를 하는 게 정상적인 투자의 길입니다.

사는 사람도 수익이 나는 매매를 하라

내 물건을 사는 사람도 이익이 나야 한다고 생각하면 매매가 원활하게 이루어집니다. 물건을 사고자 하는 사람에게 "이 집을 사서 저도 잘 됐습니다. 아마 좋은 일이 있으실 겁니다."고 덕담을 하곤 합니다. 그가 나중에 집을 팔 때 수익이 나기를 바라는 진심이 있기 때문입니다.

10화
부동산 규제 대책, 너 정체가 뭐야?

2억 6,200만원이면 3,200만원 오른 셈이다. 1천만원 비용을 제하고 나면 2,200만원. 세금과 부동산중개수수료를 제하고 나면 약 1,800만원 정도 수익이다. 수익률이 50%를 훌쩍 넘는다.

그런데도 욕심은 끝이 없다. 막상 수익이 확정된다니 아쉽다.

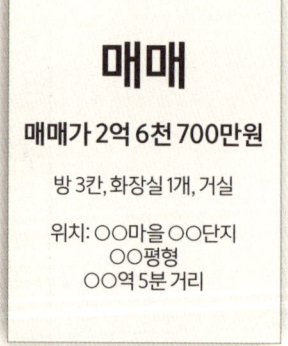

매매

매매가 2억 6천 700만원

방 3칸, 화장실 1개, 거실

위치: ○○마을 ○○단지
○○평형
○○역 5분 거리

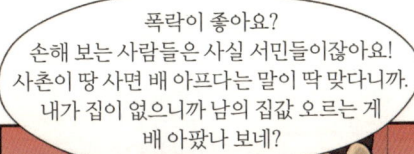

내가 산 아파트값이
그새 1천만원 떨어졌다.

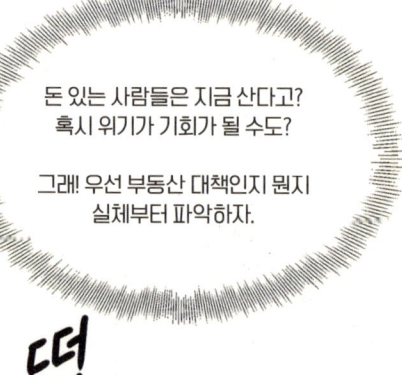

뉴스에서 전문가들이 나와 고강도 규제니 뭐니 하고 떠드니 시장이 잠시 충격을 받는 것뿐이야. 강희가 말한 부동산중개사무소 말처럼 어쩌면 지금이 기회일지도 몰라.

정부 정책은 부동산 시세에 영향을 미치는 중요한 요소이지. 정책이 나오면 전문가들이 나와서 갖가지 시장 전망을 내놓지만 시장은 제 갈 길을 갈 뿐이야. 정책의 의미를 시장의 움직임에서 파악해야만 비로소 제대로 대응을 할 수 있어. 그래서 3품이 중요한 거야.

지난 1년 동안 박샘에게 들은 내용을 되살려 하나하나 그 의미를 따져보자.

실체를 알려면 직접 발품을 팔아 확인하는 수밖에 없겠어.

행신동 부동산 중개사무소

어쩐 일이셔?

문재인 부동산 정책, 똑똑하게 이용하자

"집 여러 채 보유한 분은 집을 팔거나 세금을 더 내세요~"
다주택자 양도소득세 중과, 보유세 강화, 종부세 강화

"신혼부부, 청년 주거를 지원합니다."
청년주택, 신혼희망타운 10만호 공급, 청년우대형 청약통장

"세입자를 보호합니다."
전세금반환보증 활성화, 전월세 상한제 도입, 전월세 계약 갱신 청구권 도입

"공공주택을 늘릴게요."
공적 임대주택 공급 확대, 공공분양 공급 확대, 신규 공공주택지구 개발

"부동산 투자하는 분들은 임대사업자 신청하세요~"
임대사업자 지방세, 임대소득세, 양도세, 종부세 감면 확대, 건강보험료 부담 완화

"집 살 때 대출은 적당히 받으세요.."
주택담보대출 가능 금액 축소, 신 LTV(총부채상환비율), DSR(총부채원리금상환비율) 도입, 분양 중도금 대출 보증 축소

"집값이 높은 지역은 콕! 콕! 집어서 특별관리 들어갑니다~"
투기지역, 투기과열지구, 조정대상지역 지정

"분양은 실거주자, 무주택자에게 우선으로 기회를 드립니다."
청약 1순위 요건 강화, 가점제 확대, 지방 분양권 전매제한 강화, 투기과열지구는 5년 안에 재당첨 제한

"재건축 초과이익은 환수합니다."
재건축으로 인한 개발이익은 초과이익금에 따라 10~50%를 환수

11화
오피스텔은 돈이 될까?

#

곰곰 생각해보니 지난 두어 달 전부터 박샘은 정부 부동산 정책이 바뀔 거라고 했다.

올 봄부터 매도했다는 것만 들었지 새로 샀다는 이야기는 들어본 적이 없다.

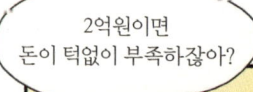

호연이 자식..
왜 이렇게 흥분해 있지?

대출을 받고 사면 이자를 제하고
연 3% 수익이라고?

물론 모두 1년 만에 수익을 얻을 수 있는 건 아니지. 어떤 경우는 2~3년 기다려야 할 때도 있어. 수익이 더 날 수도 있고.

그보다 못할 때도 있겠지. 그런데 10채를 매입할 때 들어가는 자금이 얼마지?

매입을 하고 전세보증금으로 대부분 회수하니까 2천만원 내외다. 그렇게 치면 열 채에 2억원 정도 든다. 1년에 2억원을 운용하여 1억 5천만원 수익을 꾸준히 낸다면 그야말로 대박이다.

그러니까 샘의 투자비법은 규모의 경제에 있군요. 각각의 매매는 소액이지만 건수를 늘려 전체 수익을 키워나가는 거네요.

너희들 자금이 이제 4,500만원이 됐지? 그럼 2채를 살 수 있어. 그리고 1년, 2년 후 매도를 해서 수익이 나면 그 다음은 4채. 이런 식으로 규모를 늘려나가는 거야.

오! 그게 포인트였네요!

시세차액으로 다른 투자 물건에 투자해서 점점 늘려서 10채, 30채를 만드는 것!

"부동산 가격이 오를 때는 매도를 주로 하고 가격이 내릴 때는 매입 위주로 나가는 거야."

"그럼 샘이 보유하는 집은 가격 상승기에는 줄어들고 하락기에는 늘어나겠네요?"

"지금과 같이 이도저도 아닐 때는 쉬면서 급매물 정도나 받아두는 거고."

"그러다 계속 하락하면 끝장이잖아요. 매입을 했는데 계속 하락해서 모두 손실을 보면 어떡해요?"

"소액 투자의 관건은 최대한 빨리 투자원금을 회수할 수 있는 곳에 투자한다는 거야. 너희들이 팔았던 아파트 전셋값이 지금 2억 3천만원이야."

"팔지 않았더라도 전세금으로 투자원금을 회수했을 거야. 투자는 그런 곳에 한다는 전제조건을 충족해야지. 그래야 버틸 수 있는 거고."

"소액투자에 성공하려면 그런 조건을 갖춘 물건을 찾아야 한다는 거군요."

"그런 곳을 찾으려면 어떻게 해야 된다고?"

"3품이요~."

"매매가와 전세가 차이가 작고, 꾸준히 사람이 찾기 때문에 전세가가 오를 수 있는 곳!"

결론은 다시 3품.

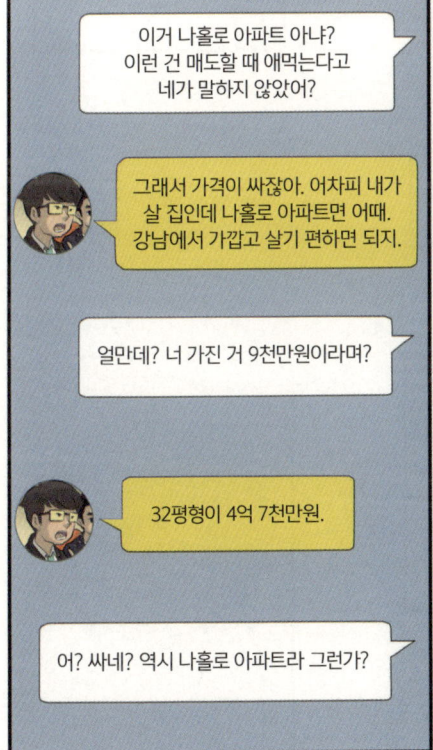

유용한 부동산 사이트

지금은 발품 대신 손품으로 내 집 마련을 위한 다양한 정보를 얻을 수 있는 스마트한 시대입니다. 클릭만으로도 부동산시장의 고급정보를 알 수 있는 사이트를 알아볼까요?

국토교통부 실거래가 http://rt.molit.go.kr

아파트부터 다세대, 단독, 다가구, 오피스텔, 분양권, 입주권, 상업용, 토지 등까지 모든 부동산의 실거래를 파악할 수 있습니다.

SEE:REAL(씨:리얼) http://seereal.lh.or.kr

SEE:REAL(씨:리얼)은 한국토지공사에서 운영하는 부동산 정보 포털 사이트입니다. 지도로 쉽게 인구와 주택정보를 확인할 수 있으며, 한국은행, 통계청, 국토교통부, 한국감정원 등에서 공급하는 거시경제, 토지, 주택 통계정보도 얻을 수 있습니다.

일사편리 https://kras.go.kr:444

집을 살 때 은행대출을 활용하는 경우가 많습니다. 이때 꼭 알아야 할 사이트가 바로 일사편리입니다. 이 사이트를 통해 은행대출에 필요한 부동산종합증명서를 뗄 수 있는데요. 부동산종합증명서란 토지대장, 건축물대장, 개별공시지가, 주택가격 등 개별법에 의해 관리되던 18종의 부동산 관련 증명서를 하나의 증명서로 통합연계한 것을 말합니다.

대법원 인터넷 등기소 http://www.iros.go.kr

만약 마음에 드는 주택이나 아파트가 있다면 계약 직전에 등기부등본을 직접 떼서 확인해야 합니다. 등기부등본 발급 외에도 등기신청과 전자납부, 등기신청양식서류 등 여러 부동산 관련 서식들을 이용할 수 있습니다.

전국은행연합회 http://www.kfb.or.kr

전국 모든 은행의 대출상품과 이자율 등을 확인할 수 있습니다. 대출상품을 미리 알아보고 내게 맞는 상품을 찾아본 뒤 은행을 방문한다면 좀 더 쉽겠지요?

아파트투유 http://www.apt2you.com

아파트 분양권 공고와 청약 경쟁률을 바로 확인할 수 있는 사이트입니다. 청약도 이 홈페이지를 통해서 진행됩니다. 내가 가지고 있는 청약통장에 대한 점수도 확인할 수 있으며, 청약통장 가입금액과 내역 등도 확인이 가능합니다.

국가통계포털 http://kosis.kr

미분양 정보를 여기서 확인할 수 있습니다. 국가통계포털 ⇨ 건설주택토지 ⇨ 미분양주택 현황보고에 들어가면 세분화된 미분양 정보를 확인할 수 있습니다.

NH청약센터 https://apply.lh.or.kr

한국토지주택공사에서 제공하는 토지, 분양주택, 임대주택, 상가분양 정보를 알 수 있습니다. 특히 다양한 임대주택 정보를 알 수 있습니다.

재개발&재건축 클린업 시스템 http://cleanup.seoul.go.kr

서울시 재개발, 재건축 정보를 빨리 알 수 있는 곳입니다. 정비사업 추진과정을 투명하게 공개하고 있는 사이트라 정보를 신속히 얻을 수 있습니다.

12화
9천만원 가진 호연이의 선택

박샘은 투자 목적으로
집을 살 때는 서울 접근성과 전세수요,
전세와 인접지역 매매가 차이를
고려해야 한다고 했다.
그리고 매매가 2억원 전후의
소형아파트를 추천했다.

조건 하나하나 꼼꼼하게 따져
기준을 충족시킬 때
투자해야 한다고 늘 강조했다.
실거주 목적으로 할 때는
자기 자금과 출퇴근 등
자신과 가족의 생활 패턴 그리고
집의 위치와 구조, 느낌 등을
보라고 했다.

같은 조건이 없으니 그렇겠죠. 송파면 호연이 직장과도 가깝고 생활환경도 좋잖아요.

같은 조건이라면 당연히 오를 만한 곳으로 가야지!

왜 없다고 생각해? 그러니까 너희들이 게으르다는 소리를 듣는 거야.

나홀로 아파트의 단점이 뭐겠어?

매… 매도가 어렵다고….

호연이는 하남 미사지구에 25평 아파트를 샀다.

이달 특집이 사내연애다.
주위 친구들을 들볶아
어렵게 사내 커플을 소개
받았다.

벌써 3년째 동거를 하는
사내 커플인데 회사에서는
아직 모른다고 한다.

아마 우리 사회에서 평생직장의 개념이 깨지기 시작한 게 90년대 중반부터일 거야.

입사할 때만 해도 정년까지 다닐 줄 알았지. 그런데 분위기가 그렇지 않았어. 이 꼴 저 꼴 보기 싫어서 회사를 그만두고 학원을 차렸어.

구조조정이니 뭐니 하며 기업 경쟁력을 키워야 한다는 바람이 불었지. 나도 그때 다니던 회사를 그만두었어.

좀 되는 듯했는데 IMF 사태가 일어난 거야.

학원 문을 닫고 나니 빚밖에 없더라고. 매일 빚 독촉에 시달렸는데 그거보다 더 막막했던 게 앞으로 무엇을 해야 할 것인가 하는 거였어. 그러다 경매가 눈에 들어왔지.

밤에는 경매학원을 다니고 낮에는 임장을 돌아다녔어. 다 끌어모은 자금이 1천만원밖에 없었지. 그 돈으로 받을 수 있는 집을 찾아야 했던 거야.

얼마나 다녔는지 어느 날 발이 시원해서 보니까 구두 앞창이 벌어졌더라고. 그렇게 돌아다니다 학원을 마치기 전에 낙찰을 받을 수 있었지.

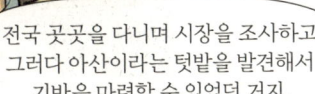

전세보증금으로 투자원금을 바로 회수할 수 있었어. 그때부터 지금까지 꾸준히 소액 투자를 해왔지.

전국 곳곳을 다니며 시장을 조사하고 그러다 아산이라는 텃밭을 발견해서 기반을 마련할 수 있었던 거지.

박샘은 가끔 농담처럼
지난 얘기를 들려주었는데
여름에 고속도로에서 차가 퍼지기도 했고
무더위인데 에어컨이 작동하지 않아
창문을 열고 운전하기도 했다고 했다.

그때는 재밌는 얘깃거리로만 들었는데
지금 들으니 왠지 숙연한 느낌이 든다.

그 사이 집값이 오를 때도 있었고 외환위기 때처럼 뚝 떨어져 아우성을 치던 시기도 있었어.

샘은 보유하고 있는 집이 몇 채나 되세요?

때에 따라 다르지. 전에도 말했지만 가격이 상승해서 목표 수익을 달성하면 매각하니까 줄어들고 하락기에는 매입을 하니까 좀 늘고.

처음에는 무리해서 서른 채가 넘을 때도 있었지만 언제부터인가 내가 감당할 수 있는 선을 지키고 있지. 그래야 투자를 꾸준히 할 수 있는 거야.

대출 삼총사 LTV, DTI, DSR

새 부동산대책으로 은행대출이 더욱 까다로워졌습니다. 꼼꼼히 알아보고 대출계획을 세워야겠지요. 먼저 LTV, DTI, DSR부터 알아볼까요?

LTV(Loan To Value ratio) 주택담보인정비율

"집값의 일정 비율을 빌려준다!"

쉽게 말해 '집을 담보로 얼마까지 빌릴 수 있느냐'입니다. 즉, 은행에서 주택을 담보로 돈을 빌릴 때 적용하는 담보가치 대비 최대 대출 가능 금액 비율을 말합니다. LTV만 적용하면 소득이 적어도 집값의 일정 부분까지 대출을 받을 수 있었는데요. DTI가 적용되면서 소득이 적은 사람은 대출을 받기 어려워졌습니다.

DTI(Debt To Income) 총부채상환비율

"능력만큼 빌려준다!"

빌리는 사람이 얼마나 돈을 갚을 수 있는지를 소득으로 따져서 대출한도를 계산하는 비율입니다. 즉, 대출자의 연 총소득에서 매년 갚아야 하는 원금과 이자가 차지하는 비중을 말하지요. 예를 들어 연소득이 5천만원이고 DTI가 60%라면 년간 원리금이 5천만원×60%=3천만원을 넘지 않는 범위 내에서 대출이 가능합니다. DTI가 낮을 수록 대출 가능 금액은 줄어듭니다. DTI 한도는 청약조정대상지역은 50%, 투기과열지구 및 투기지역은 40%입니다.

DSR(Debt Service Ratio) 총체적상환능력비율, 총부채원리금상환비율

"다른 대출 받았다면 적게, 또는 안 빌려준다!"

대출자의 총부채를 고려해 얼마까지 대출이 가능한지 판단하는 강력한 대출 규제입니다. 연 총소득에서 매년 갚아야 하는 전체 대출에 대한 원리금 상환액이 차지하는 비율을 따집니다. 즉, 카드대출과 같은 모든 대출도 고려해 DTI보다 더 까다롭게 상환능력을 판단하는 것이지요. DTI가 LTV만을 고려했다면 DSR은 LTV에 더해 모든 부채의 원리금까지 고려하므로 대출이 더 어려울 수 있습니다. DSR은 2018년 1분기부터 시범운영을 시작했고, 이어 2금융권에서도 시범운영을 시작하여 2019년 2분기까지 관리지표로 활용할 예정입니다.

DSR 도입 등 정부의 대출규제가 점점 강화되고 있어 은행 대출 규모는 줄어들 것으로 예상됩니다. 바뀐 대출 한도로 인해 곤란해질 수 있으니 미리 상담하여 정확히 대출한도액을 알아두는 것이 좋습니다.

현재 투기과열지구, 투기지역 LTV, DTI

서민 실수요 세대 ⇨ LTV, DTI 50%

무주택 세대 ⇨ LTV, DTI 40%

1주택 세대 ⇨ LTV, DTI 원칙 0%, 예외 40%

2주택 이상 보유 세대 ⇨ LTV, DTI 0%

고가주택 보유 세대 ⇨ LTV, DTI 원칙 0%, 예외 40%

13화
잔금 치르기 전쟁

내년 전세 만기까지 보유할 생각이었는데 갑자기 매수자가 나타났네? 갈 때마다 부동산중개사무소를 들러 사장님과 안면을 터놓았더니 이런 일도 생기는 구나.

제가 좀 이따가 전화 드릴게요.

박샘에게 전화해 볼까? 아니지.

내가 판단해서 결정을 내려야지. 언제까지 박샘에게 의지할 수는 없잖아?

어디 정리해보자.

매수 : 2억원

부동산중개사무소 수수료 : 80만원

도배 : 70만원

취득세와 등기비용 : 260만원

계 : 2억 410만원

전세 : 1억 8,500만원

실투자금 : 1,910만원

"지금 계약 안 하면 후회한다니까?"

"지켜보며 좀 기다려보기로 했잖아?"

"호황기든 침체기든 투자금은 놀리면 안 되는 거래. 이러다 곰팡이 슬겠다."

우리는 8·2주택안정화정책 이후 관망하며 지냈다.

인내가 가장 먼저 바닥난 것은 역시 강희.

행신동을 이 잡듯이 뒤지더니 25평, 2억 5천만원짜리 아파트를 사자고 안달이다.

"우리가 매도한 가격보다 좀 떨어졌네?"

"확실히 하락 추세야. 시장이 어찌될지도 모르는데 좀 더 기다려보자."

"지난 번 아파트보다 입지도 좋고 브랜드도 좋아. 로얄층 7층에 전망도 괜찮고."

"게다가 수리가 되어있어서 전셋값을 충분히 받을 수 있다고. 요즘 분위기 때문에 그렇지 원래 1천만원은 더 받을 수 있는 집이라고."

매도자가 부른 가격에서 200만원을 깎아
2억 4,800만원에 매수한 것까지는 좋았는데
세입자를 아직 구하지 못했다.

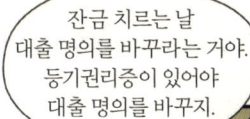

"잔금 치르는 날 대출 명의를 바꾸라는 거야. 등기권리증이 있어야 대출 명의를 바꾸지."

"뭐? 등기권리증 나오려면 1주일 걸리잖아?"

"잔금을 치러야 등기권리증이 나오고. 그래야 대출 명의를 바꿀 수 있다는 걸 뻔히 알면서 말야."

"그럼 계약 날짜만 좀 고치면 안 될까? 1주일 당겨서."

"결국 우리가 대출도 받고 나머지 잔금도 마련해야 한다는 소리네?"

"누가 잔금도 받기 전에 등기를 넘겨주겠어. 말하나 마나지."

계약금은 2,480만원.
중도금 없이 잔금을
한꺼번에 치르기로 했으니
2억 2,320만원을 마련해야 한다.

"대출을 받는다고 해도 40%까지 해주니까 1억원이 최대잖아?"

투자를 하고부터는
짠내 제대로 풍기며 살고 있다.
월급을 받아서 남는 돈도
꼬박꼬박 모아
종잣돈 만드는 재미에 빠졌다.

그리하여!
2,500만원을 모았다.
가지고 있던 돈과 합치면 6,500만원!
이 돈이면 두 채를 살 수도 있다.

그런데 우리 공동 투자에
문제가 생기다니….

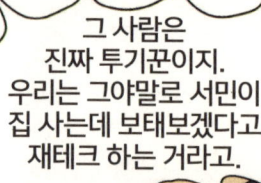

잔금 전날이 되었는데
결국 천만원을 마련하지 못했다.

어디서 뚝 하고
돈다발 안 떨어지나?

2년 동안 1,613만원이 잠겨있었고 올해 1천만원 올려 받았지만 앞으로 2019년까지 결국 613만원이 2년 동안 잠겨있게 됐다는 것이다.

소액투자의 포인트는 최대한 빨리 투자원금을 회수하는 데 있다.

투자원금을 회수하면 목표 수익에 도달할 때까지 부담 없이 기다릴 수 있다.

만일 봄에 예정대로 임차인이 바뀌었다면 전세보증금만으로도 수익을 낸 상태였겠지.

하지만 돈으로 모든 걸 따질 수는 없어. 부동산에는 인간관계가 얽혀 있는데 내 이익만 생각하고 살 수는 없는 거야.

석 달 사이에 그렇게 되는 경우도 있군요..

그 아파트가 지금 2억 3천만원 정도 하지. 적당한 시기에 매도할 거야.

역시! 샘은 손해 보는 투자는 하지 않으시는군요!

그러면 그렇지.

계약금, 중도금, 잔금의 다른 법적 의미

부동산 매매 계약할 때 계약금, 중도금, 잔금 등은 각각 법적 효력을 갖습니다. 하나씩 자세히 알아볼까요?

계약금

계약을 할 때 상대방에게 지불하는 돈입니다. 계약 채결의 증거가 되는 금액이지요. 부동산 거래에서 계약금은 통상 매매대금의 10%입니다. 매수인이 계약을 해지하면 계약금은 돌려받을 수 없습니다. 심지어 계약금을 지급하지 않았더라도 계약서를 작성했다면 계약이 성립되기 때문에 줘야 하는 게 원칙이지요.

가계약금

부동산 거래 관례상 본 계약에 앞서 가계약금을 주고받는 경우가 종종 있지요? 정식으로 계약하는 날까지 서로 마음을 바꾸지 않겠다는 뜻으로 매수인이 매도인에게 가계약금을 지불하는 것입니다. 가계약이라는 법률용어는 없지만 편의를 위해 주고받는 것이지요. 가계약금은 본계약이 체결되면 계약금의 일부로 충당됩니다. 만약 가계약금을 지급했다가 매매계약이 해제된다면 매수인이 가계약금을 반환받을 수 있을까요? 가계약 당시 매매대상, 매매대금, 잔금 지급일자나 입주일자 등을 협의했다면 매매계약이 성립된 것으로 보는 것이 판례의 입장입니다. 따라서 매수인이 주택을 구매하지 않기로 결정했다면 가계약금을 돌려받을 수 없습니다.

해약금
계약을 해제하기 위한 돈이지요. 계약에서 스스로 벗어나기 위해 지불하는 돈입니다. 계약금을 준 매수인이 계약을 해지하면 돈을 포기해야 하는데, 이것이 바로 해약금입니다. 계약금 전액이 해약금이 되지요. 계약금을 받은 매도인이 계약을 해지하려면 2배에 달하는 금액을 지불해야 계약을 해지할 수 있습니다.

위약금
계약을 깨는 것에 대한 일종의 손해배상입니다. 위약금은 계약 당사자간의 합의로 다양하게 정할 수 있습니다. 부동산 거래에서 위약금 특약을 정해 계약서에 기재하지 않았다면 계약 파기 시 위약금을 물어줄 필요가 없습니다.

중도금
중도금은 계약금을 제외한 매매 대금의 일부를 중간에 나눠 내는 돈을 말합니다. 중도금을 지급하면 계약이 된 것으로 보기 때문에 이미 중도금을 지급했다면 집을 판 사람은 해약금을 지불해도 계약 해제가 불가능합니다. 계약금을 치른 날로부터 통상 1~2주 후에 매매대금의 50~60% 정도를 지급합니다. 만약 부동산이 상승하는 시기에 부동산 매매계약을 한다면 매도자가 계약 파기를 할 수 있기 때문에 가급적 중도금 날짜를 빨리 잡아 지급하는 것이 유리하겠지요?

잔금
잔금은 전체 매매금액 중 계약금과 중도금을 뺀 금액을 말합니다. 보통 매매금액의 30~40%에 해당합니다. 만약 매수자가 잔금을 제날짜에 치르지 못할 경우 매도인은 잔금 날짜를 지정해 내용증명을 보내면 됩니다. 내용증명에 지정한 기간에도 잔금이 지불되지 않았다면 계약 해지가 가능합니다. 이때 매도인은 계약금을 제외한 중도금을 매수자에게 돌려주면 됩니다.

14화
부동산의 3대 악재

"전세가 들어오지 않으면 전셋값이 떨어지는 건 당연하잖아요."

"그러면 투자금이 잠길 거고. 이번에 투자한 건 아무래도 무리였던 거죠?"

"야. 이미 샀는데 그만 좀 하지? 하여간 뒤끝은."

이 소심한 인간아.

"가격은 적당해. 시기가 문제지. 지금은 전세 세입자를 구하기 어려운 시기야. 내가 전에 소액투자의 성수기를 말해주지 않았던가?"

"그랬죠."

성수기였다면 세입자를 구하고도 남았을 텐데….

계약을 마치고
호연이와 강희가 먼저 나가자
잠시 미적거리는 척하며
부동산중개사무소 사장에게
중개수수료 100만원에 1천만원까지
조정할 의사가 있다고 말해 두었다.

일주일 후

다행히 그렇게까지 하지 않아도 됐다.
호연이가 강력히 만류해서
일주일 고민을 하는 사이
전세 들어올 사람이 나타났다.

2억 2천만원 전세.
우리를 살린 소중한 세입자다.

100만원 효과 좋더라!
다른 아파트에 관심이 있어 찾아온 세입자를 부동산중개사무소 사장이 우리 아파트로 돌렸다니까!

히힛

그럼 우리 투자금 얼마 남은 거야?

공공 투자금 4,800만원 중
2,800만원이 이 물건에 투자됐고
부동산중개수수료와
비용 300만원을 제하고…
그래도 1,700만원 정도 남았네?

1채 더 살까?
조금씩 각출해서 한 채 더!

미쳤어?
잔금 맞추느라 그 고생을 하고 또?
봄 되거든 생각해.

그러지
마아~~

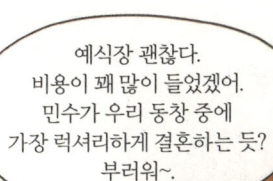

8·2주택안정화정책 이후
청약가점제가 상향조정 되었다.
젊은 사람들이 원하는 85㎡ 이하
소형 아파트의 경우
투기과열지구는 100%, 조정지역은 75%로
가점제 비율이 올랐다.

청약통장 가입 기간과
무주택 기간이 짧고
부양가족 수도 적은 젊은 부부가
집을 분양받는 건 현실적으로 아주 어렵다.

호연이는
박샘 부동산 강의 들으며
열심히 공부를 했는데….

갑자기 주식이라니?

그렇긴 하지.
하지만 나는 아직 투자금이
있는데?

공동 투자한 집에
전세가 들어오며
내가 냈던 돈을 돌려받았다.

정부는
'부동산으로 돈 버는 시대는 끝났다.'라며
강력한 규제책을 내놓았다.
8·2주택안정화정책의 풍선효과로
다른 지역이 오르면
바로 투기과열지구로 지정하여
가격이 상승하는 것을
원천적으로 막고 있다.

2008년 금융위기 이후 10년 가까이 지속됐던
저금리정책 기조도 바뀌고 있다.
2015년부터 미국이 금리를 인상하고 있다.

우리나라는 경제성장율이 좋지 않지만
미국의 금리가 오르니 어쩔 수 없이
인상을 해야 하는 딜레마에 빠져 있다.

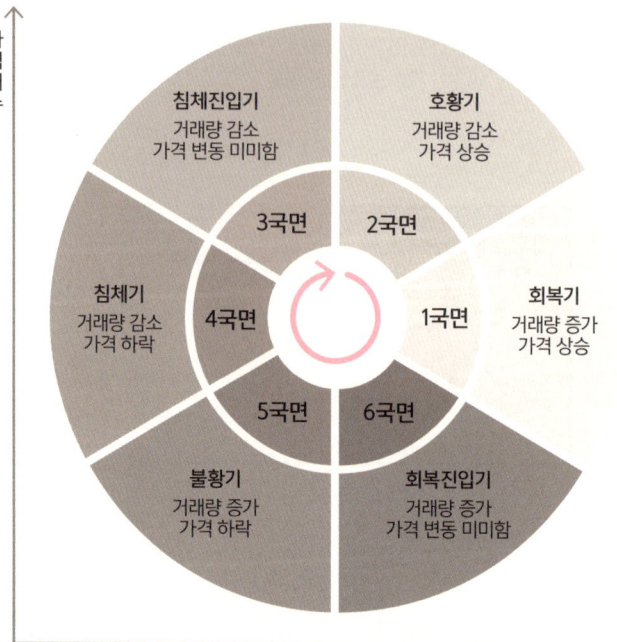

서울은 지금 3국면에 진입했다고 볼 수 있어.

경기침체와 실수요 감소로 수급이 균형을 찾고 매도 매수자가 줄다리기 공방을 하는 시기이지.

정책적으로는 후속 안정화대책이 나오고 규제 수위를 강화하는 시기이고.

그렇네요? 그럼 앞으로 침체기에 접어들 텐데 왜 지금 물건을 보러 다니시는 건데요?

그동안 경매학원 다니며
열심히 공부하더니
강희는 신났군.

분양공고 보는 법, 어렵지 않아요

주택공급에 관한 규칙 제21조에 따라 입주자 모집공고를 청약신청 5일 이전에 일간신문이나 시·군·자치구의 인터넷 홈페이지 등에 게시해야 합니다. 금융결제원이 운영하는 인터넷 청약 사이트 아파트투유(www.apt2you.com) 또는 한국토지주택공사의 LH 청약센터(www.lh.or.kr), 국토교통부와 LH가 운영하는 주거복지 포털 마이홈(www.myhome.go.kr)에서 쉽게 확인할 수 있습니다.

1.공급대상

주택구분 ①	주택관리번호	주택형 (전용면적 기준) ②	약식 표기	주택공급면적(㎡) ③			기타 공용면적 (지하 주차장등) ④	계약 면적 ⑤	세대별 대지 지분 ⑥	총공급 세대수
				주거 전용면적	주거 공용 면적	소계				
민영 주택	2018001173-01	47.9558B	47B	47.9558	23.9511	71.9069	26.6301	98.5370	24.4667	37
	2018001173-02	59.9698A	59A	59.9698	26.9063	86.8761	33.3015	120.1777	29.5601	17
	2018001173-03	59.9813B	59B	59.9813	25.4240	85.4053	33.3079	118.7133	29.0597	94
	2018001173-04	59.9712C	59C	59.9712	22.1822	82.1534	33.3023	115.4557	27.9532	132
	2018001173-05	59.9824D	59D	59.9824	22.0142	81.9966	33.3085	115.3051	27.8998	56
	2018001173-06	74.9245A	74A	74.9245	25.2010	100.1255	41.6060	141.7315	34.0683	79
	2018001173-07	74.9691B	74B	74.9691	24.2589	99.2280	41.6307	140.8587	33.7629	35
	2018001173-08	84.9881A	84A	84.9881	25.8652	110.8533	47.1943	158.0476	37.7185	94
	2018001173-09	84.8145B	84B	84.8145	25.0654	109.8799	47.0979	156.9778	37.3873	34
합계											578

최근에 분양한 아파트의 모집공고를 보면서 이야기할까요?

① 주택구분을 보면 국가에서 공급하는 공공주택인지, 민간건설사에서 공급하는 민영주택인지 알 수 있습니다.

② 주택형은 전용면적을 기준으로 표기합니다. 전용면적이란 자신만 사용하는, 즉 방, 거실, 주방, 화장실 등 실제 거주공간을 말합니다. 평형이 궁금하다면 3.3으로 나누면 됩니다. 즉 89㎡는 3.3으로 나누면 26.9이므로 약 27평이 되지요. 0.3을 곱하는 더 쉬운 방법도 있어요. 89×0.3=26.7이므로 약 27평이 됩니다.

③ 주택공급면적은 전용면적에 주거공용면적을 더한 면적인데요. 주거공용면적이란 2세대 이상이 공동으로 사용하는 계단, 엘리베이터, 복도 등을 더한 것입니다.
④ 기타공용면적은 여러 세대가 공동으로 이용하는 지하주차장, 정원, 놀이터, 노인정, 아파트 관리실, 경비실 등의 면적을 더한 것입니다.
⑤ 계약면적은 앞의 전용면적, 주거공용면적, 기타공용면적에 지하주차장 면적을 더한 것입니다.
⑥ 세대별 대지지분은 아파트 전체 단지의 대지면적을 세대수로 나눈 것으로, 각 평형별로 가지게 되는 대지의 면적을 말합니다. 나중에 재건축, 재개발시 대지지분이 많으면 평가금액이 높아지니 클수록 좋겠지요?

(단위 : ㎡, 세대)

총공급세대수 ❶	특별공급 세대수 ❷					일반분양 세대수 ❸	최하층 우선 배정 세대수
	기관추천	다자녀가구	신혼부부	노부모부양	계		
37	3	3	7	1	14	23	0
17	1	1	3	0	5	12	3
94	9	9	18	2	38	56	14
132	13	13	26	3	55	77	6
56	5	5	11	1	22	34	6
79	7	7	15	2	31	48	4
35	3	3	7	1	14	21	4
94	9	9	18	2	38	56	5
34	3	3	6	1	13	21	5
578	53	53	111	13	230	348	

다음엔 주택형별 세대수를 볼까요?
① 총공급세대수는 주택형별로 공급되는 세대수를 말합니다. 재건축이나 재개발로 공급되는 아파트라면 조합원 몫을 뺀 나머지만 분양되지요.

총공급세대수는 ② 특별공급세대수와 ③ 일반분양세대수로 나뉩니다. 특별공급세대수는 사회계층 중 정책적, 사회적 배려가 필요한 계층에게 공급하는 세대수입니다. 기관 추천 가구, 다자녀가구, 신혼부부, 노부모 봉양 가구 등이 해당되지요.
일반분양세대수는 해당 주택건설지역에 거주하는 세대주가 청약통장으로 신청하는 세대수입니다.

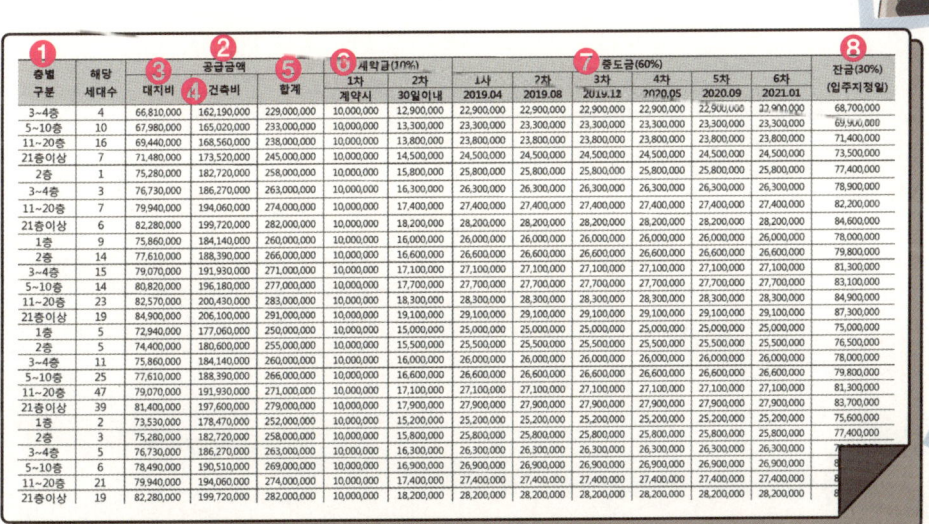

❶ 층별 구분	해당 세대수	❷ 공급금액			❻ 계약금 (10%)		❼ 중도금 (60%)						❽ 잔금 (30%) (입주지정일)
		❸ 대지비	❹ 건축비	❺ 합계	1차 계약시	2차 30일 이내	1차 2019.04	2차 2019.08	3차 2019.12	4차 2020.05	5차 2020.09	6차 2021.01	
3~4층	4	66,810,000	162,190,000	229,000,000	10,000,000	12,900,000	22,900,000	22,900,000	22,900,000	22,900,000	22,900,000	22,900,000	68,700,000
5~10층	10	67,980,000	165,020,000	233,000,000	10,000,000	13,300,000	23,300,000	23,300,000	23,300,000	23,300,000	23,300,000	23,300,000	69,900,000
11~20층	16	69,440,000	168,560,000	238,000,000	10,000,000	13,800,000	23,800,000	23,800,000	23,800,000	23,800,000	23,800,000	23,800,000	71,400,000
21층이상	7	71,480,000	173,520,000	245,000,000	10,000,000	14,500,000	24,500,000	24,500,000	24,500,000	24,500,000	24,500,000	24,500,000	73,500,000
2층	1	75,280,000	182,720,000	258,000,000	10,000,000	15,800,000	25,800,000	25,800,000	25,800,000	25,800,000	25,800,000	25,800,000	77,400,000
3~4층	3	76,730,000	186,270,000	263,000,000	10,000,000	16,300,000	26,300,000	26,300,000	26,300,000	26,300,000	26,300,000	26,300,000	78,900,000
11~20층	7	79,940,000	194,060,000	274,000,000	10,000,000	17,400,000	27,400,000	27,400,000	27,400,000	27,400,000	27,400,000	27,400,000	82,200,000
21층이상	6	82,280,000	199,720,000	282,000,000	10,000,000	18,200,000	28,200,000	28,200,000	28,200,000	28,200,000	28,200,000	28,200,000	84,600,000
1층	9	75,860,000	184,140,000	260,000,000	10,000,000	16,000,000	26,000,000	26,000,000	26,000,000	26,000,000	26,000,000	26,000,000	78,000,000
2층	14	77,610,000	188,390,000	266,000,000	10,000,000	16,600,000	26,600,000	26,600,000	26,600,000	26,600,000	26,600,000	26,600,000	79,800,000
3~4층	15	79,070,000	191,930,000	271,000,000	10,000,000	17,100,000	27,100,000	27,100,000	27,100,000	27,100,000	27,100,000	27,100,000	81,300,000
5~10층	14	80,820,000	196,180,000	277,000,000	10,000,000	17,700,000	27,700,000	27,700,000	27,700,000	27,700,000	27,700,000	27,700,000	83,100,000
11~20층	23	82,570,000	200,430,000	283,000,000	10,000,000	18,300,000	28,300,000	28,300,000	28,300,000	28,300,000	28,300,000	28,300,000	84,900,000
21층이상	19	84,900,000	206,100,000	291,000,000	10,000,000	19,100,000	29,100,000	29,100,000	29,100,000	29,100,000	29,100,000	29,100,000	87,300,000
1층	5	72,940,000	177,060,000	250,000,000	10,000,000	15,000,000	25,000,000	25,000,000	25,000,000	25,000,000	25,000,000	25,000,000	75,000,000
2층	5	74,400,000	180,600,000	255,000,000	10,000,000	15,500,000	25,500,000	25,500,000	25,500,000	25,500,000	25,500,000	25,500,000	76,500,000
3~4층	11	75,860,000	184,140,000	260,000,000	10,000,000	16,000,000	26,000,000	26,000,000	26,000,000	26,000,000	26,000,000	26,000,000	78,000,000
5~10층	25	77,610,000	188,390,000	266,000,000	10,000,000	16,600,000	26,600,000	26,600,000	26,600,000	26,600,000	26,600,000	26,600,000	79,800,000
11~20층	47	79,070,000	191,930,000	271,000,000	10,000,000	17,100,000	27,100,000	27,100,000	27,100,000	27,100,000	27,100,000	27,100,000	81,300,000
21층이상	39	81,400,000	197,600,000	279,000,000	10,000,000	17,900,000	27,900,000	27,900,000	27,900,000	27,900,000	27,900,000	27,900,000	83,700,000
1층	2	73,530,000	178,470,000	252,000,000	10,000,000	15,200,000	25,200,000	25,200,000	25,200,000	25,200,000	25,200,000	25,200,000	75,600,000
2층	3	75,280,000	182,720,000	258,000,000	10,000,000	15,800,000	25,800,000	25,800,000	25,800,000	25,800,000	25,800,000	25,800,000	77,400,000
3~4층	5	76,730,000	186,270,000	263,000,000	10,000,000	16,300,000	26,300,000	26,300,000	26,300,000	26,300,000	26,300,000	26,300,000	
5~10층	6	78,490,000	190,510,000	269,000,000	10,000,000	16,900,000	26,900,000	26,900,000	26,900,000	26,900,000	26,900,000	26,900,000	
11~20층	21	79,940,000	194,060,000	274,000,000	10,000,000	17,400,000	27,400,000	27,400,000	27,400,000	27,400,000	27,400,000	27,400,000	
21층이상	19	82,280,000	199,720,000	282,000,000	10,000,000	18,200,000	28,200,000	28,200,000	28,200,000	28,200,000	28,200,000		

이제 분양가를 알아보죠. ② 공급금액은 ① 층별 구분(공급되는 아파트의 층)에 따라 달리 책정되며 ③ 대지비와 ④ 건축비의 합입니다. 대지비는 세대별 땅값, 건축비는 세대별 공사비를 말합니다.
납부는 ⑤ 계약금, ⑥ 중도금, ⑦ 잔금으로 나누어 냅니다. 계약금은 보통 분양가의 10%로 아파트에 당첨돼 계약할 때 지불하지요. 중도금은 계약금을 치르고 나서 지불하는 돈으로, 아파트를 분양받고 입주할 때까지 평균 3년 정도의 기간이 소요되는데 이 사이에 보통 분양가의 60% 정도를 여러 번에 나눠서 냅니다. 마지막으로 지불하는 잔금은 나머지 금액으로, 보통 분양가격의 30% 정도입니다.

또한 공고 후반으로 가면 계약자 중도금 대출 안내, 마이너스 옵션의 여부, 발코니 확장 신청시 주의사항 등을 비롯해 공고 전반에 있는 항목들에 대한 법, 유의사항 등이 정리되어 있습니다. 아울러 단지 여건, 설계와 관련한 중요한 사항들이 정리가 되어 있지요. 마이너스 옵션은 사업자가 제시하는 기본 마감재 가운데 입주자가 직접 선택할 수 있는 품목에서 제외되는 품목의 금액만큼 분양금액을 낮출 수 있는 제도입니다.

15화
송차장, 분양 당첨됐는데 울상?

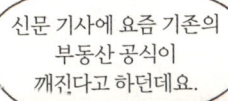

기사에 나온 지역을 보니 모두 서울에서 전철이나 버스 등 대중교통으로 1시간 남짓 걸리는 거리이다.

멀지는 않지만 다니기 편하다고 할 수도 없다.

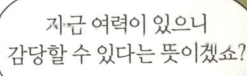

강남 재건축조합 전매물량 가격이 치솟자 정부가 발빠르게 재건축 초과이익을 계산해서 발표했다.

그러자 전매가 가능한 10년 보유, 5년 거주한 재건축조합 물량이 시장에 나오는데 사는 사람들은 관망을 하고 있다.

정부가 초과이익환수제를 2018년부터 시행하는데 마지막에 취득한 조합원이 부담을 해야 하니 망설이는 것이다.

재건축을 포기한 조합도 있다는 기사도 흘러나왔다.

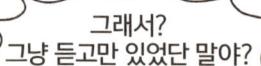

생각할수록 화가 나고
머리가 복잡해서
이른 아침부터 저녁 늦게까지
계속 일만 했다.

애꿎은 키보드만 마구 두들기면서….

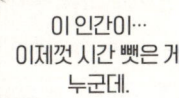

박샘의 돈이 되는 1분 과외

예비청약자라면 새 정책을 꼭 알아두자!

9·13주택시장안정대책으로 전매제한, 거주요건 등이 강화되었습니다. 시세보다 낮은 분양가는 예비 청약자들에겐 여전히 좋은 여건이라 급격하게 청약열기가 식지는 않을 것으로 예상됩니다. 예비청약자라면 대책 이후 신규청약 시 변경된 규제 내용들을 주의해야겠죠?

"점수가 높은 사람이 유리!"

청약가점제는 무주택 기간(최고 32점), 부양가족수(최고 35점), 청약통장 가입기간(최고 17점)을 더해 가점이 높은 순으로 당첨자를 가리는 제도입니다. 2017년 8·2부동산대책으로 조정대상지역의 경우 전용면적 85㎡ 이하에 부과하는 청약가점제 비율을 40%에서 75%로, 전용면적 85㎡ 초과는 0%에서 30%로 높였습니다. 투기과열지구는 전용면적 85㎡ 이하는 100%, 전용면적 85㎡ 초과는 50%입니다.

"청약 1순위가 되려면 좀 더 까다로운 조건을 맞추세요~"

청약조정대상지역과 투기과열지구에서 청약 1순위가 되기 위해서는 국민주택의 경우, 청약통장에 가입하여 연체 없이 2년 이상, 24회 이상 납입해야 합니다. 그리고 세대주가 아닌 자, 5년 이내에 다른 주택 청약에 당첨된 기록이 있는 사람과 그 세대원, 2주택 이상 보유한 다주택자와 그 세대원 등은 1순위 자격에 제한을 받습니다.

"전에 당첨된 분들은 당첨을 제한합니다"

청약조정대상지역과 투기과열지역의 당첨자는 전용면적 85㎡ 이하인 주택이 과밀억제권역에 속하면 5년간, 이외 지역에 속하면 3년간, 전용면적 85㎡ 초과인 주택이 과밀억제권역에 속하면 3년간, 그 밖의 지역에 속하면 1년간 모든 조정 지역에서 재당첨이 제한됩니다. 단, 분양권을 산 경우에는 재당첨 제한 대상이 아닙니다.

"분양가 상한으로 분양가격의 거품을 쏙!"

아파트를 분양할 때 땅값과 건축비를 감안하여 분양가가 일정 수준을 넘지 못하게 규제하는 제도입니다. 아파트 분양가격의 거품을 빼서 건설회사들의 폭리를 막고 주택시장을 안정시킬 목적으로 도입한 제도이지요. 2015년 민간택지에 대한 분양가상한제를 폐지했지만 고분양가로 주변 집값이 상승하고 다시 고분양가로 이어지는 순환을 끊기 위해 다시 상한제를 도입한 것입니다.

"분양권, 다른 사람에게 팔지 마세요"

전매는 분양받은 아파트에 입주하기 전에 해당 아파트에 대한 모든 권리를 다른 사람에게 파는 것을 말합니다. 이제 수도권의 분양가 상한제 대상 주택은 주변 시세의 70% 미만 분양가로 분양을 받으면 8년간 팔지 못하고 입주 후 5년을 살아야 합니다. 주변 시세 대비 분양가 비율에 따라 전매제한 기간과 거주의무 기간을 각각 최장 8년, 5년으로 늘린 것이지요. 예외적으로 전매할 수 있다고 해도 사업시행자에게 환매해야 하고, 가격도 최초 공급가에 은행 이자를 더한 수준 이상 받을 수도 없습니다. 택지지구 등 공공택지를 제외한 민간택지에서는 거주의무 기간이 없습니다.

16화
2천만원으로 다시 경매에 도전!

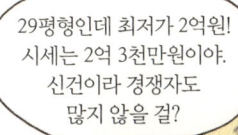

첫경매는 아무래도
유찰될 가능성이 높다.

유찰되면 최저가가 내려가
그때 사람들이 몰린다.

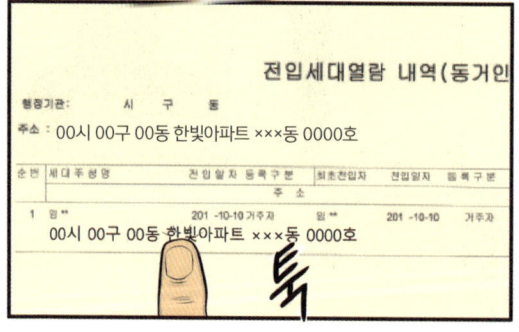

주소에 아파트 이름이 적혀 있었다.

특수주소는 아파트나 빌라 이름을 넣은 주소를 말한다.

요즘은 경매가 채권자와 낙찰자 중심으로 이뤄지는 추세야.

인도명령이나 강제집행 등 경매절차가 간편하고 빨라진 셈이지. 물론 강제집행까지 가지 않는 게 좋겠지.

그래도 명도하는 데 비용이 좀 들겠죠? 얼마나 들까요? 이번 물건은 소유주 겸 채무자인데 결국 경매로 집을 날린 거잖아요? 이런 경우는 정말 부담스러울 거 같은데요?

후순위임차인이나 소유주겸채무자들도 이런 점을 잘 알고 있으니 명도에 크게 부담을 가질 필요는 없어.

명도도 그때그때 사례가 다르니 어떤 식이 좋다 할 수는 없어. 경매투자 전문가들도 각기 나름의 방법이 있지.

낙찰금액에서 0.5%에서 1% 정도 명도비용이 든다고 예상하고 여유를 가지고 대응하면 대체로 풀려.

인도명령을 먼저 보낸 뒤 전화 연락을 하는 사람이 있는가 하면 찾아가서 점유자와 협의하는 사람도 있지.

샘은 어떤 식으로 하시죠?

대개 찾아가서 대화를 통해 협의를 먼저 해. 여유를 가지고 대화를 하면 막무가내로 나오는 사람은 별로 없어.

낙찰을 받고 1개월 안에 낙찰대금을 치러야 한다.
낙찰대금을 납부하면 4주 후로 배당기일이 잡힌다.
약 8주 정도 시간이 있다.

박샘은 세입자에게 1개월 정도 월세 없이 지내고 이사를
가거나 그렇지 않고 계속 있겠다면 지금부터 월세를
내야 한다는 두 조건 중에 하나를 선택하라고
말한 것이다.

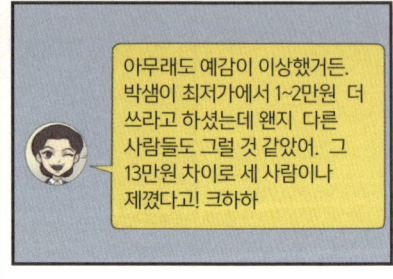

알고 보니 하진이 아버지가 좋지 않은 일에 휘말려 집안이 어렵게 된 지가 오래됐다고 한다.

하진이네는 다가구주택에 전세를 살고 있었는데 집주인이 계약기간이 끝나가자 월세로 바꿔달라고 했단다.

하진이 고민을 들은 강희가 부랴부랴 아파트 경매를 받고 대출까지 받아 하진이네에게 전세를 놓은 것이다.

보름 넘게 말없이
지내는 시간이 너무 힘들고 괴로웠는데…

진작 연락할걸….
이제야 살 것 같다!

이것만 알면 명도가 쉬워진다!

명도는 대화와 설득입니다. 사람과 사람 사이의 거래는 성심과 끈기만 있다면 풀리지 않는 일이 없습니다. 이를 믿고 차분하게 대응하면 대부분 원만하게 해결을 볼 수 있습니다. 다음은 명도를 할 때 명심해야 할 사항입니다.

점유자(소유자, 채무자, 임차인)를 인정하자

경매 과정에서 소유자와 채무자는 극심한 마음의 고통을 겪게 됩니다. 우선은 그 고통을 인정해주어야 합니다. 이런저런 상황을 들어주다 보면 대화를 할 수 있는 발판을 마련할 수 있습니다. 점유자가 임차인이라면 임대인을 잘못 만나서 뜻하지 않은 마음고생을 하고 있다는 것을 공감해줍니다.

적당한 비용은 지불하자

낙찰자들은 전세 보증금을 다 받아가는 임차인은 쉽게 내보낼 수 있다고 생각하지요. 하지만 그 사람들도 마음고생에 대한 보상을 받으려고 하니 어려운 것은 마찬가지입니다. 대략 낙찰가의 0.5%~1% 정도의 이사 비용은 생각하는 것이 좋습니다.

여유를 가져야 한다

낙찰자는 점유자가 빨리 집을 비워주기를 바라고, 점유자는 가능하면 더 거주하기를 바랍니다. 서로의 생각이 다르기 때문에 합의점을 찾기는 쉽지 않지요. 대출을 받았다면 낙찰자는 이자를 생각하기 때문에 빨리 내보내려고 마음이 급해집니다. 경매 투자를 하다 보면 이런 경우는 허다하지요. 한 번의 만남으로 해결하러 하지 말고 자주 만나서 여유 있게 설득하세요. 집달관을 불러서 강제집행하는 방법은 생각하지 않는 것이 좋습니다.

매각대금을 납부한 후, 점유자가 소유자인 경우는 1~2개월, 임차인인 경우는 1개월 전후로 배당기일이 정해집니다. 이때 보증금을 찾아 다른 곳에 계약을 하고 잔금을 치르기 때문에 <u>2~4개월 정도의 여유를 가져야</u> 합니다.

명도와 매도 작업을 병행하자

낙찰을 받으면 <u>명도와 함께 바로 매도나 임대 작업에 들어갑니다.</u> 명도는 되도록 여유를 가지고 대화로 풀어가고, 다른 한편으로는 명도가 끝나자마자 바로 매도를 할 수 있도록 미리 준비 작업에 들어가야 합니다.

17화
오피스텔, 상가 임대 수익의 현실

올해부터
재건축 초과이익환수제가 시행된다.
5년 동안 유예했던 제도인데
막상 시행한다고 하니
언론이 떠들썩했다.

정부가
8·2주택안정화정책을 내놓았는데도
재건축아파트 가격이 상승하니
서둘러서 초과이익환수 예상금액을 발표했다.

정부 발표에 따르면
가장 많이 부담하는 단지는
8억 4천만원에 이른다.

초과이익환수금액이
그렇게 부담이 되는 거야?

그렇게
단순하지는 않아.

어쨌든 이익 난 것에서
일부를 환수한다는 거잖아?
그만큼 이익 난 것 아냐?

준공일을 기준으로 잡고
10년 전 가격과의
차이를 산정한 다음
건축비와 정상가격상승분을
제외한 금액이 초과이익이야.

1억 1천만원까지는
2천만원을 부담하고 그 이상,
그러니까 1억 1천만원 초과분부터는
50%를 내야돼.

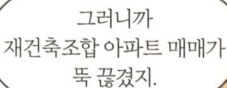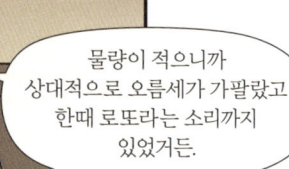

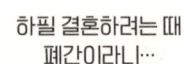

폭탄 같은 폐간 결정에 이어
대대적인 인사가 뒤따랐다.
성인 선배와 연수 선배는
각기 다른 잡지 편집부로 가고
나는 시사주간지 창간팀으로 들어갔다.

주간지 부장으로 신문사에 있던 기자가 왔다.
눈빛이 날카로워 보이는 부장은
일벌레로 소문이 난 사람이다.

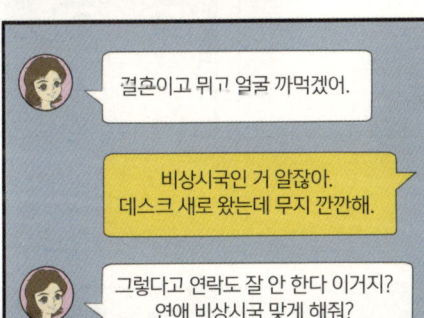
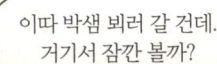

한눈에 보는 재개발 진행 과정

'재개발', '재건축' 많이 들어보셨죠? 그런데 어떤 절차에 따라 어떻게 진행되는지 알고 계세요? 서울특별시정비사업통계에 따르면 재개발, 재건축이 완료되는 데 평균 10~11년 정도 소요된다고 합니다. 이렇게 오랜 시간이 필요한 투자인데 재개발 호재가 떴다고 무작정 투자했다가 몇 년 동안 고생하는 경우가 종종 있습니다. 절차를 자세히 알고 있다면 무리하게 투자하지 않았을 겁니다. 고위험, 고수익을 노린다면 몰라도 안정적인 수익을 원한다면 최대한 리스크를 줄여야 합니다. 재개발 절차에 대해서도 이해를 하셔야죠.

재개발 정비구역 지정

우선 재개발정비구역으로 지정되었는가를 확인하는 게 중요하겠죠. 지난 사례를 보면 곧 지정될 것이란 이야기에 혹해서 미리 투자했다가 10년 이상 세월 보낸 분들도 있었죠. 재개발은 여러 사람의 재산과 이권이 얽혀있는 사업입니다. 정비구역으로 지정되기까지 예상보다 오랜 시간이 걸릴 수 있습니다.

추진위원회 구성 및 조합 설립

재개발 정비구역으로 지정되면 추진위원회를 구성합니다. 추진위원회가 조합을 설립하고 조합장을 선출합니다. 재개발 조합이 시행사가 되고 조합장이 대표가 되는 거죠. 그러면 건축심의 절차를 진행합니다. 그래야 사업시행인가를 받거든요. 간단해 보이죠? 그런데 악마의 디테일이 숨어있습니다.

대표가 전권을 쥐고 있는 일반 시행사와 달리 재개발 조합은 의사절차가 복잡합니다. 조합장의 전횡을 막기 위해 여러 가지 제도적 장치가 되어있죠. 이 말은 반대로 말하면 의사결정 과정이 더디고 심지어 번복이 될 수 있다는 뜻도 됩니다. 이유는 간단합니다. 어떻게 사업을 하느냐에 따라 재개발 조합원 사이에서도 이익이 엇갈릴 수 있거든요. 다수의 이익을 따르면 되는 것 아냐? 라고 생각하시겠지만 목소리 큰 소수의 힘도 만만치 않습니다.

사업시행인가

사업시행인가라는 산을 넘으면 시공사를 선정합니다. 수익이 클 것 같으면 여러 건설사가 달라붙고 불법 로비까지 판칩니다. 사업성이 낮다고 판단되면 시공사 찾아 삼만리입니다. 조합원 간에도 '이 회사가 좋다.', '저 회사로 하자.' 하다가 의 상하고 판이 깨지기도 합니다.

조합원 분양신청 및 종전자산평가

어찌어찌하여 시공사가 결정되면 조합원 분양신청을 받습니다. 내가 살던 터이니 일단 먼저 골라잡는 거죠. 그러면 조합원 각각 부담할 금액이 나옵니다. 이를 종전자산평가라고 합니다. 그런데 조합원들이 부담할 금액이 왜 다를까요? 18평 빌라를 소유한 사람이 32평 아파트를 신청하는 것과 60평 단독주택을 소유한 사람이 25평 아파트를 신청하는 걸 비교해서 생각해보시면 됩니다. 이때도 분쟁이 일어날 수 있습니다. 조금이라도 더 유리하게 인정받고 싶은 사람들이 플래카드를 걸고 재개발 반대를 외칠 수도 있습니다.

관리처분계획인가 및 이주와 철거

종전자산평가가 끝나면 관리처분계획인가를 신청합니다. 재개발은 속성상 이해당사자가 다양합니다. 심지어 세입자들도 있죠. 그러니 100% 합의란 불가능합니다. 법에 정해놓은 일정 비율의 조합원들이 합의를 하면 관리처분계획인가를 신청하고 인가가 떨어지면 집을 부숩니다. 물론 그 전에 이사를 가야겠지요.

일반 분양과 준공

철거가 끝나고 새 아파트를 짓기 전에 일반 분양을 합니다. 그리고 공사에 들어가지요. 여기까지 오면 거의 다 온 셈입니다. 그렇다고 안심할 수는 없죠. 시공사가 부도가 나서 공사가 지연되는 불상사가 벌어지기도 하니까요. 재건축도 비슷한 과정을 거칩니다. 지역이 아니라 기존에 있는 아파트 단지를 정비구역으로 지정받는다는 것과 안전진단과정을 거쳐야 하는 게 조금 다르다 뿐이지요.

과정을 보면 간단하죠? 그런데 왜 재개발, 재건축 아파트 투자에 신중해야 할까요? 각 과정마다 이해당사자간의 의견을 수렴해서 결정을 해야하기에 시간이 얼마나 걸릴지 장담할 수 없기 때문입니다. 정리해볼까요?

• **재개발 사업 진행절차**

도시주거환경정비기본계획수립 ⇨ 정비계획수립 및 정비구역지정 신청 ⇨ 정비계획수립 및 정비구역 지정 ⇨ 조합설립 추진위원회 결성 ⇨ 조합설립 인가 ⇨ 조합 설립 및 조합장 선출 ⇨ 시공사 선정 ⇨ 사업시행 인가 ⇨ 조합원 분양신청 ⇨ 종전자산평가 ⇨ 관리처분계획인가 ⇨ 이주 및 철거 ⇨ 일반 분양 ⇨ 착공 ⇨ 주택 공급 ⇨ 준공 및 입주 ⇨ 이전 고시 ⇨ 청산

* 재건축의 경우 기본계획수립 이후 기존 아파트에 대한 안전진단을 실시하여 통과하면 정비구역 지정 신청을 합니다.

18화
신혼집, 전세 살까? 내 집 살까?

에휴. 이 사람들. 남의 속도 모르고.

막상 집을 사려니
가진 돈이 턱없이 부족하다.
그런데도 5억원 정도로
예산을 잡고 알아보고 있다.
예전의 나라면 미친 짓이라고
생각했을 것이다.

대출을 상당 부분 받고
집을 산다는 건 상상도 못할 일이었는데.

연수 선배 남동생은 내 또래다.
나라면 어떻게 했을까?
몇 년 전의 나라면 아마
비슷한 선택을 했을 것이다.
새 아파트 단지에서 번듯하게
신혼살림을 하고 싶은 건
누구나 꿈꾸는 출발일 것이다.

이제는 안다.
잃는 것이 있어야 원하는 것을
얻을 수 있다.

연수 선배 남동생이 결혼할 때
강북 아파트를 전세 끼고 샀으면
5천만원 정도만 더 내면 샀다.

전세자금 1억 8천만원이 있었으니
전세 끼고 강북 아파트를 구매했다면
못해도 1억 3천만원은 남았을 것이다.

그 돈으로 회사 다니기 편한 곳에서
작은 빌라 전세로 살면?
8천만 원이면 되지 않았을까?

아직 애가 없는 신혼이니
2년은 빌라에서 산다 해도
큰 불편함은 없었을 것이다.

게다가 5천만 원이 남는다.
아파트를 한 채 더 전세를 끼고
살 수 있는 금액이다.

몇 년 후 아이가 태어나면
한 채는 정리하고 빌라에 들어간
전세보증금을 합해서
먼저 사 두었던 아파트로 들어가면
된다.

그 사이 집값이 올라
아마도 대출을 무리하게
받을 필요도 없었을 것이다.

"그래도 대단한 거죠. 아무튼 1억 4천만원을 모았다고 치고요. 성인 선배 말대로 그 당시는 지금 집값을 예측할 수 없었겠죠."

"그럼 이렇게 세 가지 경우를 가정해봐요. 첫째, 집을 사고 8년 후인 지금 집값이 3억 2천만원 그대로일 경우, 둘째, 8천만원이 올라서 지금 시세와 같은 4억원일 경우, 셋째, 반대로 8천만원이 하락해서 2억 4천만원일 경우."

"남동생분이 그때 전세보증금 외에 부족한 돈 1억 4천만원을 대출 받으시 집을 샀다면 지금 다 갚았겠죠?"

"그리고 따져보자고요. 집값이 그대로이거나 오를 경우 이득을 봤겠죠? 하락하면 손해를 봤을 거고. 세 가지 경우의 수에서 집값이 하락하는 한 경우에만 손해를 보겠죠?"

"잠깐, 확률을 이야기하는 거냐? 그렇다면 반대도 마찬가지지."

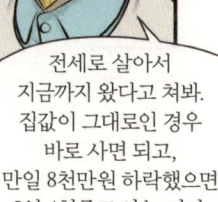

"전세로 살아서 지금까지 왔다고 쳐봐. 집값이 그대로인 경우 바로 사면 되고, 만일 8천만원 하락했으면 2억 4천주고 사는 거지."

"그럼 오히려 8천만원 현금이 남는 거잖아."

박샘의 돈이 되는 1분 과외

시대에 따라 변하는 아파트 구조

"남향이 최고야!"
"무슨 소리! 요즘은 그렇지 않아. 전망이 우선이지!"
"일조권은 보장되어야지!"
"아파트 미관도 중요해."

내가 살 집은 중요하죠. 모든 걸 갖출 수 있다면 얼마나 좋을까요? 하지만 현실은 그렇지 못합니다. 이미 만들어진 집을 살 때도 몇 번이고 다시 생각하곤 합니다. 그런데 아직 짓지도 않은 아파트를 분양받아야 한다면 정말 머리가 아픕니다. 모델하우스에 가서 조감도를 보지만 실제 어떤 모습으로 들어설지 확신할 수 없습니다. 조감도 밑에 '실제와 다를 수 있습니다.'라는 문구를 보면 더욱 헷갈립니다.

판상형? 타워형?

건축도 진화합니다. 2000년대 이전에는 아파트 하면 남향을 향해 일자로 길게 늘어선 판상형이 대부분이었습니다. 아름다운 한강변에 들어선 아파트도 남향을 우선하는 사람들 생각을 반영하여 강을 등지고 들어섰지요. 2000년대 들어서며 타워형이라 부르는 아파트들이 섰습니다. 마치 커다란 기둥을 연상케 하는 타워형 아파트는 이전에는 볼 수 없는 다양하고 독특한 내부구조를 선보였지요.

타워형 아파트는 세련된 외관과 인테리어 때문에 인기를 모았습니다. 장점이 있으면 단점도 있지요. 구조적 특성 때문에 일부 가구들은 남향이 아닌 북향이나 동향, 서향을 바라볼 수 밖에 없습니다. 게다가 앞뒤로 창을 낼 수 없으니 바람이 잘 통하지 않지요.

타워형 아파트의 단점은 곧 판상형 아파트의 장점입니다. 판상형 아파트들은 남향을 향해 배치하고 남북으로 창을 만들었습니다. 그래서 통풍이 잘되죠. 그런데 맨 앞 동을 제외하고 뒤로 들어서는 동은 조망이 좋지 않습니다. 동간 거리가 좁으면 일조권도 보장받기 어렵지요.

요즘은 판상형과 타워형이 혼합된 형태로 짓습니다. 타워형의 세련된 외관과 내부 구조에 판상형의 장점인 남향 배치와 통풍 등을 살리고자 설계를 하지요. 그런데 분양가가 비싼 편입니다.

· 판상형

· 타워형

2베이, 3베이, 4베이

아파트 평면 구조도 시대에 따라 바뀌었습니다. 2베이의 경우 남향을 향한 안방과 거실을 제외하고 작은 방이나 주방 등의 공간은 온종일 볕이 들지 않는 북향입니다. 요즘은 4베이 공간이 대세입니다. 방들을 모두 남쪽으로 배치하고 욕실이나 주방 등의 공간을 북향으로 배치하는 겁니다. 이런 공간은 최근에 지은 아파트들이니 당연히 시세가 높습니다. 나중에 매각할 때도 유리하게 팔 수 있겠지요.

19화
재건축, 재개발, 그리고 도시 재생 사업

눈물 나지만 할 수 없다.
어차피 요즘은 회사 주차장에
머물러 있는 시간이 대부분이다.

스몰 웨딩에 가본 적이 있다.
주례가 없을 때도 있고
신랑신부가 동시에 입장하기도 한다.

자유분방한 게 좋기는 한데
친인척 어른들이 다 모이는 자리라 조심스럽다.

집까지 줄여가며 우리 결혼을 준비하려고 하신
장인어른에 대한 예의도 아닌 것 같다.

완고했던 수현이 아버지도
1주일 만에 두 손을 드셨다.

대신 친인척 어르신들이 불편하시지 않도록
너무 튀지 않아야 한다는 조건이 붙었다.

재개발 & 재건축 용어 정복!

뉴타운, 재개발, 재건축, 도촉지구, 균촉지구… 왜 이리 복잡하지? 대체 뭐가 다른 거야? 부동산 관련 정책 용어는 들어도 들어도 헛갈립니다. 그래도 알아야 합니다. 알아야 기회를 찾을 수 있지요. 분명 다른 부분이 있기 때문에 용어 또한 달리 쓰는 겁니다. 사실 전문가라는 사람들과 아마추어 사이의 차이는 그리 크지 않습니다. 부동산 관련 정책과 의미를 알고 있으면 전문가 행세를 할 수 있죠.

물론 그 전문가들이 투자의 달인이라고 할 수는 없습니다. 투자는 또 다른 요소들이 개입합니다. 전문가라는 사람도 뻔히 위험하고 무모한 투자라는 걸 알면서도 욕심에 앞서 투자를 해서 손해를 크게 보는 경우를 생각해보시면 이해하기 쉬울 겁니다. 그래도 전문가는 모르고 당하지는 않습니다. 알아야 합니다.

재개발사업

재개발사업은 공원이나 유통시설, 학교, 공공청사 등 <u>정비기반시설이 열악하고 오래된 불량건축물이 밀집한 지역의 주거환경을 개선하는 사업</u>을 말합니다. 여기에는 상업지역·공업지역 등에서 도시기능의 회복 및 상권활성화 등을 위하여 도시환경을 개선하기 위한 사업도 포함됩니다. 해당 시의 시장이 5년마다 재개발사업 지역을 정하곤 하지요. 최근에는 주택재개발사업과 도시환경정비사업이 재개발사업으로 통합되었습니다. 쉽게 말해서 오래된 동네를 싹 밀고 그 위에 새로운 도시를 만드는 겁니다.

재건축사업

재건축사업은 좀 더 쉽게 이해할 수 있습니다. 한마디로 노후한 아파트를 새로 짓는 거죠. 이를 행정용어로 풀면 정비기반시설은 양호하나 오래된 불량건축물에 해당하는 공동주택이 밀집한 지역의 주거환경을 개선하기 위한 사업이라고 합니다. 재건축 아파트가 인기가 있다는 뉴스를 종종 보시죠? 왜 그런지는 재건축 아파트가 있는 지역을 생각해보시면 알 수 있습니다.

아파트는 오래됐지만 주변 교통이나 상권, 도시기반시설은 좋은 곳이 많지요. 그 자리에 새로 좋은 아파트가 들어서면 당연히 인기가 있고 가격도 상승하겠죠? 예전에는 공동주택재건축사업이라고 했는데 줄여서 재건축사업으로 명칭을 변경했으니 이점도 참고로 알고 계세요.

주거환경개선사업과 주거환경관리사업

주거환경개선사업이나 주거환경관리사업이라는 용어도 들어 보셨을 겁니다. 달동네 같은 도시저소득 주민이 집단 거주하는 동네를 생각하시면 이해가 쉽습니다. 정비기반시설이 열악하고 노후·불량건축물이 촘촘히 밀집한 지역이니 재개발 사업을 해야 하는 게 맞을 겁니다. 그런데 재개발 사업은 너무 많은 이해당사자들이 충돌하여 시간이 걸립니다. 특히 살고 있는 사람들 대부분은 재개발 사업을 감당할 돈이 없어 다시 변두리로 내몰리는 경우가 대부분입니다. 그래서 극렬하게 반대하기도 하지요. 그래서 일단 집을 보수하고 도로를 정비하고 정비기반시설이나 공동이용시설을 확충하는 등 주거환경을 개선하자는 사업입니다.

주거환경개선사업과 주거환경관리사업은 주거환경개선사업으로 통합되었는데 현재 주거환경개선사업은 거의 사라졌습니다. 대상이 될 만큼 열악한 곳이 줄었다고 생각하시면 됩니다.

도시재생

요즘은 도시재생이라는 말이 자주 들립니다. 도시재생사업은 인구가 줄어들거나 산업구조가 바뀌어 쇠퇴하는 도시를 리뉴얼하는 사업이라고 이해하시면 됩니다. 사람들은 누구나 살기 편하고 깨끗한 곳에서 살고 싶어 합니다. 그래서 새로운 주거공간을 마련하기 위해 외곽지역을 정비하여 새로운 주거공간을 만듭니다. 이러다 보니 도시가 계속 확장되고 원래 있었던 도심은 노후화됩니다.

도시환경정비사업

도시환경정비사업은 이런 노후화 된 도심을 개선하는 사업입니다. 주택을 대상으로 한 재개발, 재건축 사업과 달리, 상업지역·공업지역 등을 대상으로 새롭게 단장하는 거죠. 오래되어 상권이 몰락하거나 공장들이 이전하여 폐허화된 공간을 정비하여 도심, 또는 부도심 등의 기능을 살리는 사업입니다. 서울의 4대문 안인 소공동, 무교동, 을지로 1·2가, 남대문, 명동, 청계천 등에서 다양한 도시환경정비사업이 시행되었으며, 전국 주요 도시에서도 실시하고 있습니다.

강희가 경매로 산 아파트 시세가
조금 올랐다.

3천만원으로 시작한
우리 셋의 공동투자는 이제 자산이
6천만원 정도 된다.

물론 아직 팔지 않았으니
장부상이지만.

진심이다.

수익을 낸 것도 고맙지만
부동산 투자를 계기로
내가 바뀌었으니 더 고맙다.

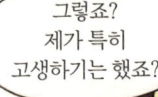

회사는 나를 부자로 만들어주지 않는다.

직장 다니면서 어떻게 부동산투자를 하냐고들 하지만 퇴근 후, 주말에, 또는 틈틈이 노력을 기울이지 않았다면 이만큼의 자산도 만들기 어려웠을 것이다.

"부동산컨설팅을 하다 보면 대뜸 부동산 투자를 어떻게 해야 하느냐고 묻는 사람이 있어. 난감하지. 그 사람이 원하는 걸 모르니까. 질문이 잘못된 거야."

"내 인생의 부동산 플랜이 이런데 어떻게 하면 좋겠느냐고 물어봐야 그에 맞춰 대답을 해줄 수 있는 거야."

"결국 답은 자기가 가지고 있다고 봐야지."

집을 살 돈이 턱없이 부족해서 결혼비용을 줄이고 또 줄였는데도 대출 2억을 받아야 하는 처지이다.

이렇게까지 해야 하나? 하는 생각도 종종 든다.

그냥 전세나 가격에 맞는 빌라를 사는 게 맞지 않나 하는 고민도 하는 중이다.

"제가 지금 집을 사는 건 무리한 걸까요?"

"디딤돌대출 받는다고 하지 않았어?"

디딤돌대출은 주택구입자금의 70%, 최대 2억원까지 대출해준다.

자격조건은 두 사람 연 수입이 7천만원 이하여야 한다는 것. 우리는 아슬아슬하게 그 아래다.

"받기는 하지. 하지만 최대 2억원이야."

"2년 전이라면 반대했을 거야. 하지만 지금은 찬성이야. 부족하지만 부동산 투자에 눈을 떴잖아."

"대출이 많으니 걱정이 돼요."

"몇 번의 투자로 수익을 내는 경험을 했고. 그러니 악착같이 대출을 갚겠지?"

예식장은 수현이가 강남에 있는
문화공간을 찾아 계약 완료!
덕분에 꽤 절약할 수 있었다.

문제는 우리가 가고자 하는
아파트 단지에 적당한 매물이 없다는 것.

지금까지 나온 매물은 5억 2천만원인데
나는 저층으로 5억원 정도를
매입 가격으로 잡고 기다리는 중이다.

부모님께 손 벌리는 것도
생각할수록 염치없다는 생각이 든다.
35살이나 되도록 뭐했나 싶다.

드디어 결혼식.

수현이와 함께하는 인생 2막을
내 집에서 시작하게 되다니….

꿈만 같다.

부동산을 알고
많은 것이 달라졌다.

금리 낮은 주택도시기금 대출상품

무주택자를 지원하는 주택도시기금 대출상품 중 대표적인 상품은 보금자리론과 디딤돌대출입니다. 실거주 집을 살 계획이라면 훨씬 유리한 조건으로 빌릴 수 있기 때문에 가장 먼저 이 두 가지 정책대출상품의 자격이 되는지 알아볼 필요가 있습니다. 보금자리론과 디딤돌대출로 최대 30년간 연 2~3%대 금리로 주택자금을 빌릴 수 있습니다.

디딤돌대출

"생애 첫 주택 구입자에게 많은 혜택!"

- **지원자격**: 생애최초는 부부 연소득 7천만원 이하, 일반가구는 부부 연소득 6천만원 이하
- **금리**: 연 2.25~3.15%
- **대출한도**: 2억원
- **대출기간**: 10~30년
- **대상주택**: 5억원 이하, 전용면적 85㎡ 이하

* 무주택자를 위한 주택도시기금의 디딤돌대출제도에 실거주 의무제도를 도입했습니다. 이에 따라 디딤돌대출 이용자는 대출받은 날로부터 1개월 이내에 대출을 통해 구입한 주택에 전입한 후 1년 이상 거주해야 합니다.

보금자리론(U-보금자리론)

"결혼 5년 이내 신혼부부와 다자녀가구에게 많은 혜택!"

- **지원자격**: 신혼부부 연소득 8,500만원 이하, 다자녀가구 부부 연소득 1억원 이하
- **금리**: 연 3.4%~3.75%
- **대출한도**: 3억원
- **대출기간**: 10~30년
- **대상주택**: 6억원 이하, 주택면적 제한 없음

그럼 전세자금대출에 대해서도 알아볼까요? 전세자금대출은 크게 국민주택기금 전세자금대출(버팀목 전세자금대출)과 금융권 전세자금대출로 나뉩니다. 이 중 국민주택기금 전세자금대출은 근로자 및 서민 주거안정을 위해 마련된 상품으로 연 2.3~2.9%의 저렴한 금리를 제공합니다. 그렇다면 버팀목 전세자금대출 조건은 어떻게 될까요?

국민주택기금 전세자금대출(버팀목 전세자금대출)

"연소득 5천만원 이하 가정에게 많은 혜택!"

- **지원자격**: 만 19세 이상 세대주(단독세대주의 경우, 만 25세 이상)로 무주택자, 부부합산 연 소득이 5천만 원 이하(신혼가구 및 혁신도시 이주자, 재개발 이주자는 6천만 원 이하)
- **금리**: 연 2.3%~2.9%
- **대출한도**: 전세 계약서상 임차보증금의 70% 이내, 수도권(서울·경기·인천)은 최대 1억 2천만원, 그 외 지역은 최대 8천만원(다자녀 및 신혼 가구인 경우에는 각각 최대 2천만원씩 더 대출받을 수 있음)
- **대출기간**: 2년 단위로 총 4회 연장 가능, 최장 10년까지
- **대상주택**: 임차보증금이 2억원 이하(서울·경기·인천은 3억원 이하), 전용면적 85㎡ 이하(수도권을 제외한 도시지역이 아닌 읍 또는 면 지역은 100㎡ 이하)

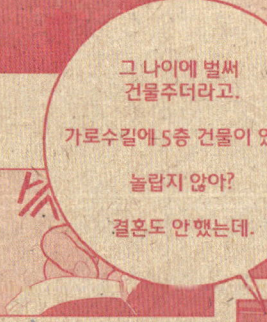

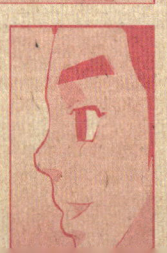